# 脳科学 × 仕訳集

合格するには
ワケがある

日商簿記
**1**級

第3版

桑原 知之 編

ネットスクール出版

# はじめに

　近年の脳科学の発展には目覚ましいものがあり、『脳は、アウトプットをすることで、その内容を重要なことだと認識し、記憶する』といった記憶のしくみも解き明かされてきています。

　その1つ、有名な『忘却曲線』を世に示した、ドイツの心理学者・エビングハウスによると『1つ内容を覚えていくには、学習した日の翌日、1週間後、1カ月後の3回復習するとよい』との結論を読み取ることができます。

　そこで、本書を、次のように使っていただくとよいと思っています。

1. 最初の1週間＜重要度Ａ対策・導入＞

　　67仕訳（9仕訳*／1日程度のペースで）

　　初日に、1章　有価証券の9つの仕訳を学ぶ

　　翌日に、1章　有価証券を復習してから、2章から4章の9つの仕訳を学習する

　　翌々日以降も前日の内容を復習してから、次の内容に進むようにする

　　⇒こうすることで、学習した日の翌日に復習することができるようになります。

　　また、日中に学習したものは、夜寝る前に見直すことで、睡眠中に記憶が整理され、より定着しやすくなります。

　*　学習に充てられる時間に応じて、1日あたりの仕訳数を変えてください。

2. 2週間目＜重要度Ａ対策・復習＞

　　重要度Ａの内容を、有価証券から1回目と同じペースで復習していきます。

　　⇒こうすることで、重要度Ａの1週間後の復習ができるようになります。

3. 3週間目＜重要度Ｂ対策・導入＞　72仕訳（10仕訳／1日）

　　⇒重要度Ａのときと同様に学習を進めていきます。

　　初日に、19章〜21章の8つの仕訳を学ぶ

　　翌日に、19章〜21章の仕訳を復習してから22章〜24章の仕訳を学ぶ

4．4週間目＜重要度Ｂ対策・復習＞

　　重要度Ｂの内容を、重要度Ａと同様に復習していきます。

　　⇒こうすることで重要度Ｂの１週間後の復習ができるようになります。


5．5週間目は、重要度Ｃを見て過ごしましょう。18仕訳（３仕訳／１日）


6．6週間目＜重要度Ａ・仕上げ＞

　　重要度Ａの内容を復習して、仕上げていきましょう。

　　⇒こうすることで、重要度Ａの１カ月後の復習ができます。


7．7週間目＜重要度Ｂ・仕上げ＞

　　重要度Ｂの内容を復習して、仕上げていきましょう。


8．8週間目＜重要度Ｃ・仕上げ＞

　　重要度Ｃの内容を復習して、仕上げていきましょう。


　人間は、脳で記憶し、脳で考えるのですから、脳科学的に合理的な方法が良いに決まっています。


　これなら「仕訳を覚えなきゃ」と苦労していたあなたの脳に、確実に浸み込んでいくはずです。


　さあ、もう苦労して仕訳を覚える時代は終わりです。

　本書で、脳科学的に合理的な方法で簿記を理解し、仕訳をマスターして、合格の栄冠を勝ち取りましょう！


（ご注意）

　本書は、１級の複雑な内容に対して多様な表現を実現するために、赤色と青色を組み合わせて黒色に見せるという手法を用いています。

　それに伴い、ページによっては文字が滲んで見える可能性がありますが、作成者の意図としてご理解いただきますようお願いいたします。

# 本書の使い方

## 1 重要度について

| 重要度A (基礎) | 合格するために最低限必要な仕訳。ここを間違えると合否に直結する！ |
|---|---|

| 重要度B (応用) | 少し難しいけどできれば押さえてほしい仕訳。ここまで確実に押さえておけば合格点に近づく！ |
|---|---|

| 重要度C (発展) | 余裕があれば押さえておく仕訳。プラスαの点が獲れる！ |
|---|---|

## 2 本書の使い方

| 1回転目 | 重要度Aの有価証券から問題の仕訳を解いていき、「目次」の日付欄に学習した日付を記入します。 |
|---|---|

| 2回転目 | ① 学んだ箇所（有価証券）の問題のうち 理解が怪しいと思う問題のページに付せんを付け、もう一度解きます。<br><br>② 次の論点の問題を解いていくとともに、巻末にある『科目の表示区分一覧表』も確認しましょう！ |
|---|---|

| 3回転目 | 重要度A（基礎）を一通り学習した後に、できるだけ通しで確認します。ここでは明らかに自分ができる箇所は見なくて構いません。 |

| 重要度B<br>（応用）以降 | ① 上記と同様に、重要度B（応用）、重要度C（発展）を学習していきます。<br>　　ただし、重要度C（発展）は、本試験での重要度は少し下がりますので、復習にメリハリを付けるようにしましょう。<br><br>② 最終的には、明らかに自分ができる箇所を除き、重要度AからCまでを、短い時間で幅広く確認できるようにして、試験前の総復習をします。 |

第3版に改訂するにあたり

　第2版から第3版に改訂するにあたり、主に以下の点を加筆・修正しました。

(1) 純資産会計：株式引受権（取締役の報酬等としての株式の無償交付）を追加
(2) リース会計：見積現金購入価額でリース資産を計上する場合を追加
(3) 連結会計：取得関連費用、その他有価証券評価差額金を追加
(4) 株式移転：連結上の処理を追加
(5) 事業分離：連結上の処理を追加
(6) 収益認識：数量値引と、売上割引（仕入割引）を追加
(7) 連結上の退職給付：差異発生の翌年度の処理と、税効果会計を追加
(8) 在外子会社の連結：外貨建てのれんを追加
(9) 第2版にあった会計理論の空欄補充問題を、『学べる理論問題集』に移動

# 目次

## 基礎問題　重要度 A

## 応用問題　重要度B

# 発展問題　重要度C

## 44章 特殊論点

# 第1部

## 基礎問題

### 一番重要!
### 重要度A

問題を解く時に、考えずに仕訳が出て
くるくらいに繰り返し、解きましょう!

Let's training!

## 問題1　売買目的有価証券（切放法）　重要度 A

　当社が売買目的で保有するＡ社株式の金額は以下のとおりである。

　切放法を採用した場合の次の時点の仕訳を示しなさい。有価証券運用損益を用いること。

　(1)第1期期末　(2)第2期期首　(3)第2期に現金で売却

| 第1期 | | 第2期 | |
|---|---|---|---|
| 取得原価 | 期末時価 | 帳簿価額 | 売却価額 |
| 1,000 円 | 1,100 円 | ? | 1,300 円 |

### ➤ ポイント

　売買目的有価証券の評価

　　　切放法：前期末時価と売却価額の比較

　　　洗替法：取得原価と売却価額の比較

　売買目的有価証券は、売却することについて制約がなく、時価の変動が企業の財務活動の成果と考えられるため、評価差額を当期の損益とします。

### 仕訳

(1)　第1期期末

（借）売買目的有価証券　　100 01)　（貸）有価証券運用損益　　100

01）1,100 円 − 1,000 円 = 100 円

(2)　第2期期首

　　　　　　　　　仕 訳 な し 02)

02）切放法のため、第1期の期末時価 1,100 円が、第2期期首の帳簿価額となります。

(3)　第2期　売却時

（借）現　　　　　金　　1,300　　（貸）売買目的有価証券　　1,100

　　　　　　　　　　　　　　　　　　　有価証券運用損益　　200 03)

03）1,300 円 − 1,100 円 = 200 円

## 問題2　売買目的有価証券（洗替法）　　重要度 A

　当社が売買目的で保有するA社株式の金額は以下のとおりである。

　洗替法を採用した場合の次の時点の仕訳を示しなさい。有価証券運用損益を用いること。

　(1)第1期期末　(2)第2期期首　(3)第2期に現金で売却

| 第1期 | | 第2期 | |
|---|---|---|---|
| 取得原価 | 期末時価 | 帳簿価額 | 売却価額 |
| 1,000 円 | 1,100 円 | ？ | 1,300 円 |

### ▶ポイント

1　洗替法を用いるのは、当初の投資額（取得原価）に対して評価益や売却益がいくら出たかを把握するためです。

2　売買目的有価証券に限定して用いる有価証券運用損益勘定は、評価損益、受取配当金と売却損益をまとめて処理する勘定です。

### 仕訳　▶

(1)　第1期期末

（借）売買目的有価証券　　100 01)（貸）有価証券運用損益　　100

01) 1,100 円 − 1,000 円 = 100 円

(2)　第2期期首

（借）有価証券運用損益　　100 02)（貸）売買目的有価証券　　100

02) 振戻し仕訳により、取得原価が第2期期首の帳簿価額となります。

(3)　第2期　売却時

（借）現　　　　　金　　1,300　　（貸）売買目的有価証券　　1,000
　　　　　　　　　　　　　　　　　　　　有価証券運用損益　　　300 03)

03) 1,300 円 − 1,000 円 = 300 円

　　P／L上、振戻し分と相殺され、運用益200円が計上されます。

　　以下の場合において、(1)取得日、(2)利払日、(3)決算日の仕訳を示しなさい。決算日は3月31日である。

・　×1年4月1日に満期保有目的で、A社社債（額面20,000円、満期日×6年3月31日、券面利子率1％、利払日3月末日）を19,000円で取得し、代金は小切手を振出した。

・　額面金額と取得価額との差額は金利の調整と認められ、定額法で処理する。なお、期限到来済み利札は現金で処理する。

## ▶ ポイント

償却原価法（定額法）

$$償却額 ＝ (額面金額 － 取得価額) \times \frac{当期の所有月数}{取得日から満期日までの月数}$$

1　購入手数料がある場合、購入手数料を含めた取得原価をもとに償却額を計算します。

2　満期保有目的債券は、利息と元本の受取りを目的とし、価格変動リスクを把握する必要がないため、時価評価しません。

## 仕訳 ▶

(1)　取得日

（借）満期保有目的債券　19,000　（貸）当 座 預 金　19,000

(2)　利払日

（借）現　　　　　金　200 [01]（貸）有 価 証 券 利 息　200

01）20,000円×1％＝200円

(3)　決算日

（借）満期保有目的債券　200 [02]（貸）有 価 証 券 利 息　200

02）$(20,000円 － 19,000円) \times \dfrac{12 カ月}{60 カ月} ＝ 200円$

## 問題4 満期保有目的債券 (利息法) 　重要度 A

　以下の場合において、(1)取得日、(2)利払日の仕訳を示しなさい。決算日は3月31日である。

・　×1年4月1日に満期保有目的で、A社社債（額面20,000円、満期日×6年3月31日、券面利子率1％、利払日3月末日）を19,000円で取得し、代金は小切手を振出した。

・　額面金額と取得価額との差額は金利の調整と認められ、利息法（実効利子率2％)で処理する。なお、期限到来済み利札は現金で処理する。

### ▶ポイント

償却原価法（利息法）

利息配分額 = 帳 簿 価 額 × 実効利子率

利札受取額 = 額 面 金 額 × 券面利子率

償　却　額 = 利息配分額 − 利札受取額

1　金利の調整とは、債券の利子率が市場の金利よりも安く設定されている場合、債券を買ってもらえるように債券を割引発行して実質的な利息を上げることをいいます。

2　金利の調整と認められない場合とは、発行会社の財政状態が悪化して、債券を返済できない可能性(信用リスク)が高いために価額が低い場合をいいます。

### 仕訳 ▶

(1) 取得日

| (借) 満期保有目的債券 | 19,000 | (貸) 当 座 預 金 | 19,000 |

(2) 利払日

| (借) 現　　　　金 | 200 | (貸) 有 価 証 券 利 息 | 380 [01] |
| 満期保有目的債券 | 180 [02] | | |

01) 19,000円 × 2％ = 380円　　02) 380円 − 200円 = 180円

※　本書では、問題を解きやすくするために、実効利子率や現価係数などの端数を切り捨てています。

以下の株式について、当期末に必要な仕訳を示しなさい。

(1)　支配目的で保有するA社株式（取得原価 1,000 円）について、当期末時価が著しく下落し 400 円になった。時価の回復の可能性は不明である。

(2)　影響力を行使する目的で保有するB社の株式（取得原価＠ 100 円、30 株、市場価格なし）について、B社の財政状態が以下のように悪化したため、評価替えを行う。B社の発行済株式総数は 100 株である。

| B社 | 貸 借 対 照 表 | | (単位：円) |
|---|---|---|---|
| 諸　資　産 | 15,000 | 諸　負　債 | 11,000 |
| | | 資　本　金 | 10,000 |
| | | 繰越利益剰余金 | △ 6,000 |
| | 15,000 | | 15,000 |

➤ポイント

有価証券の減損処理

　　強制評価減：時価の著しい下落（おおむね50％以上）、かつ

　　　　　　　　回復の見込みなし、または、回復の見込み不明

　　実価法：実質価額の著しい低下（おおむね50％以上）

　子会社株式の保有は、子会社を支配し子会社の事業を通じて利益を獲得することが目的であり、時価の変動を財務活動の成果とは捉えないため、原則として、時価評価しません。関連会社も同じです。

　ただし、時価の著しい下落などで収益性の低下があった場合には簿価を減額させます。

仕訳

(1)　A社株式

| （借）子会社株式評価損 | 600 [01] | （貸）子 会 社 株 式 | 600 |
|---|---|---|---|

01) 400 円 ≦ 1,000 円 × 50% = 500 円　∴著しい下落

　　400 円 − 1,000 円 = △ 600 円

(2) B社株式

$$\text{(借) 関連会社株式評価損} \quad 1,800^{\ 02)} \quad \text{(貸) 関連会社株式} \quad 1,800$$

02) 実質価額：$(15,000\,円 - 11,000\,円) \times \dfrac{30\,株}{100\,株} = 1,200\,円$

　　　　$1,200\,円 \leqq @\,100\,円 \times 30\,株 \times 50\% = 1,500\,円 \quad \therefore 著しい低下$

　　　　$1,200\,円 - @\,100\,円 \times 30\,株 = \triangle\,1,800\,円$

---

**研究** ▷ **売買目的有価証券を保有する会社とは？**

　売買目的有価証券が実際に計上されるのは、有価証券のトレーディング（売り買い）専門の部署を設けて、短期的な利益を得るために売買が繰り返されている場合です。これを行っているのは銀行や証券会社などの金融機関です。

　試験とは関係ないですが、銀行の財務諸表における特徴的な科目を見ておきましょう。

<table>
<tr><th colspan="4" align="center">貸 借 対 照 表</th><th colspan="2" align="center">損 益 計 算 書</th></tr>
<tr><th colspan="2">資産の部</th><th colspan="2">負債の部</th><th colspan="2">経常収益</th></tr>
<tr><td>現金預け金</td><td>10,000</td><td>預金←銀行にとっては負債</td><td></td><td>資金運用収益</td><td></td></tr>
<tr><td>⋮</td><td>⋮</td><td>当座預金</td><td>4,000</td><td>貸出金利息</td><td>10</td></tr>
<tr><td>特定取引資産</td><td></td><td>普通預金</td><td>3,000</td><td>⋮</td><td>⋮</td></tr>
<tr><td>特定取引有価証券</td><td>500</td><td>定期預金</td><td>2,000</td><td>特定取引収益</td><td></td></tr>
<tr><td>⋮</td><td>⋮</td><td>⋮</td><td>⋮</td><td>特定取引有価証券収益</td><td>5</td></tr>
<tr><td>貸出金</td><td></td><td>純資産の部</td><td></td><td>経常費用</td><td></td></tr>
<tr><td>割引手形</td><td>2,000</td><td>資本金</td><td>20,000</td><td>資金調達費用</td><td></td></tr>
<tr><td>手形貸付</td><td>1,200</td><td>資本剰余金</td><td>10,000</td><td>預金利息</td><td>9</td></tr>
<tr><td>証書貸付</td><td>6,000</td><td>⋮</td><td>⋮</td><td>←銀行にとっては費用</td><td></td></tr>
<tr><td>当座貸越</td><td>800</td><td>利益剰余金</td><td>8,000</td><td>経常利益</td><td>3</td></tr>
<tr><td>⋮</td><td>⋮</td><td>⋮</td><td>⋮</td><td>⋮</td><td>⋮</td></tr>
</table>

（貸出金の読み：かしだしきん）

　特定取引資産とは、特定の目的（売買目的など）のために保有する資産をいい、売買目的有価証券は、主に特定取引有価証券に含まれています。

　割引手形は銀行にとっては貸付けの分類に入ります。当座貸越は、3級で学習した当座借越のことを銀行側から見た科目です。
　ちなみに預け金は、銀行間でお金のやりとりをする際に日本銀行に預けている預金などをいいます。

次の資料にもとづき、(1)全部純資産直入法と (2)部分純資産直入法を採用した場合の、決算時の仕訳をそれぞれ示しなさい。

当社が当期末に保有する有価証券は次のとおりである。

| 銘　柄 | 取得原価 | 当期末時価 | 保有目的 |
|---|---|---|---|
| A社株式 | 1,000 円 | 1,200 円 | その他有価証券 |
| B社株式 | 1,000 円 | 900 円 | その他有価証券 |

➤ポイント

その他有価証券の評価

全部純資産直入法：評価損・評価益

→その他有価証券評価差額金(純資産)

部分純資産直入法：評価損→投資有価証券評価損(営業外費用)

評価益→その他有価証券評価差額金(純資産)

その他有価証券については、取引先との関係を保つ目的などで保有し、直ちに売却するには制約を伴うことがあり実現可能性が低いです。そのため、原則として、評価差額を当期の損益とせず、純資産に直接計上します。

仕訳 ▶

(1) 全部純資産直入法

① A社株式

(借) その他有価証券　　　200 01) (貸) その他有価証券評価差額金　　　200

01) 1,200 円 − 1,000 円 = 200 円

② B社株式

(借) その他有価証券評価差額金　　　100　　(貸) その他有価証券　　　100 02)

02) 900 円 − 1,000 円 = △ 100 円

(2) 部分純資産直入法

① A社株式

(借) その他有価証券　　　200　　(貸) その他有価証券評価差額金　　　200

② B社株式

(借) 投資有価証券評価損　　　100　　(貸) その他有価証券　　　100

## 問題7　その他有価証券（債券）　　　重要度 A

次の資料にもとづき、当期末に必要な仕訳を示しなさい。

・　期首にＡ社社債（額面金額 10,000 円、期間 5 年）を 9,500 円で取得した。
・　Ａ社社債の時価は次のとおりである。なお、額面金額と取得価額との差額の性格は金利の調整と認められるため、償却原価法（定額法）を適用する。全部純資産直入法を採用する。

| 銘　柄 | 取得原価 | 期末時価 | 保有目的 |
| --- | --- | --- | --- |
| Ａ社社債 | 9,500 円 | 9,650 円 | その他有価証券 |

### ➤ ポイント

その他有価証券（債券）

取得原価 ──────▶ 償却原価 ──────▶ 時　価

　(1)償却原価法　　　　　　(2)時価評価

翌期の期首の振戻仕訳は時価評価の差額（50円）のみ戻すので、振戻し後の期首の帳簿価額は前期末償却原価（9,600円）になります！

### 仕 訳　▶

(1)　償却原価法

（借）その他有価証券　　100 01)（貸）有 価 証 券 利 息　　100

01)（10,000 円 − 9,500 円）× $\frac{12 \, カ月}{60 \, カ月}$ = 100 円

(2)　時価評価

（借）その他有価証券　　50 02)（貸）その他有価証券評価差額金　　50

02) 償却原価法適用後の簿価：9,500 円 + 100 円 = 9,600 円

評価差額：9,650 円 − 9,600 円 = 50 円

その他有価証券（税効果会計１）　　重要度 A

　次の資料にもとづいて、その他有価証券の評価替えに関する仕訳を示しなさい。全部純資産直入法を採用し、税効果会計（実効税率30％）を適用する。

(1)　当期に取得したその他有価証券（取得原価1,000円）について期末に評価替えを行う。期末における時価は1,100円である。

(2)　翌期首において、その他有価証券の振戻し仕訳を行う。

(3)　翌期末において、その他有価証券の評価替えを行う。期末における時価は800円である。

## ➤ポイント

　全部純資産直入法では、評価差益、評価差損いずれの場合も損益に計上されないため、法人税等調整額を用いません。
　そこで、評価差額のうち税効果相当額を繰延税金資産または繰延税金負債とし、残額をその他有価証券評価差額金とします。

### 仕訳 ▸

(1)　当期末

| (借) その他有価証券 | 100 | (貸) 繰延税金負債[03] | 30 [01] |
| | | その他有価証券評価差額金 | 70 [02] |

01) 100円×30％＝30円　　02) 100円－30円＝70円

03) 繰延税金負債は、将来売却益が生じたときの税金の支払いの増加分を負債計上したものです。

(2)　翌期首

| (借) 繰延税金負債 | 30 | (貸) その他有価証券 | 100 |
| その他有価証券評価差額金 | 70 | | |

(3)　翌期末

| (借) 繰延税金資産[06] | 60 [04] | (貸) その他有価証券 | 200 |
| その他有価証券評価差額金 | 140 [05] | | |

04) 200円×30％＝60円　　05) 200円－60円＝140円

06) 繰延税金資産は、将来売却損が生じたときの税金の支払いの減少分を資産計上したものです。

## 問題9 その他有価証券（税効果会計2）　　重要度 A

次の資料にもとづいて、その他有価証券の評価替えに関する仕訳を示しなさい。部分純資産直入法を採用し、税効果会計（実効税率30％）を適用する。

(1) 当期に取得したその他有価証券（取得原価1,000円）について期末に評価替えを行う。期末における時価は1,100円である。

(2) 翌期首において、その他有価証券の振戻し仕訳を行う。

(3) 翌期末において、その他有価証券の評価替えを行う。期末における時価は800円である。

➤ ポイント

評価差損の場合、投資有価証券評価損は、税務上、損金として認められないため、将来減算一時差異が生じます。

評価差益の場合、全部純資産直入法と同様に、税効果相当額を繰延税金負債とし、残額をその他有価証券評価差額金とします。

### 仕訳 ▸

(1) 当期末

| （借）その他有価証券 | 100 | （貸）繰延税金負債 | 30 [01] |
| | | その他有価証券評価差額金 | 70 [02] |

01) 100円 × 30% = 30円　　02) 100円 − 30円 = 70円

(2) 翌期首

| （借）繰延税金負債 | 30 | （貸）その他有価証券 | 100 |
| その他有価証券評価差額金 | 70 | | |

(3) 翌期末

| （借）投資有価証券評価損 | 200 | （貸）その他有価証券 | 200 |
| （借）繰延税金資産 | 60 [03] | （貸）法人税等調整額 | 60 |

03) 200円 × 30% = 60円

| 問題1 | 貸倒実績率法 | 重要度 A |

次の資料にもとづき、当期（第4期）の貸倒引当金に係る決算整理仕訳を示しなさい。

(1) 当期末における売掛金の残高は 10,000 円であり、すべて一般債権である。

(2) 当期の貸倒実績率は過去3期間の平均とする。過去3期間の一般債権の残高と実際貸倒高は次のとおりである。なお、貸倒引当金の残高は 100 円である。

|  | 期首債権残高 | 貸 倒 高 |
|---|---|---|
| 第1期 | 2,000 円 | 40 円 |
| 第2期 | 3,000 円 | 90 円 |
| 第3期 | 5,000 円 | 200 円 |

➤ ポイント

貸倒実績率法

貸倒見積高＝債権金額×貸倒実績率

$$貸倒実績率＝（\frac{貸倒高}{債権残高}＋\frac{貸倒高}{債権残高}＋\frac{貸倒高}{債権残高}）÷3年$$

仕 訳

（借）貸倒引当金繰入　　200 [01]（貸）貸 倒 引 当 金　　200

01) 貸倒実績率　第1期：$\frac{40 円}{2,000 円} × 100 = 2 \%$

第2期：$\frac{90 円}{3,000 円} × 100 = 3 \%$

第3期：$\frac{200 円}{5,000 円} × 100 = 4 \%$

（2 ％＋3 ％＋4 ％）÷3 年＝3 ％

貸倒見積高：10,000 円×3 ％＝300 円　貸倒引当金繰入：300 円－100 円＝200 円

## 問題2 財務内容評価法　　　　　重要度 A

次の資料にもとづき、貸倒引当金に係る決算整理仕訳を示しなさい。貸倒引当金の残高はゼロである。

(1) A社に対する長期貸付金 10,000 円について、A社に債務の弁済に重大な問題が生じていることが判明した。当社は貸付金の担保として土地（当期末時価 7,000 円）を受け入れている。貸倒設定率は 40% として計算する。

(2) B社に対する長期貸付金 10,000 円について、B社は経営破綻状態にあることが判明し、破産更生債権等として扱うことにした。当社は貸付金の担保として土地（当期末時価 7,000 円）を受け入れている。

### ▶ポイント

財務内容評価法

貸倒懸念債権

　　貸倒見積高 ＝（債権金額−担保処分・保証回収見込額）× 貸倒設定率

破産更生債権等

　　貸倒見積高 ＝ 債権金額−担保処分・保証回収見込額

### 仕 訳 ▶

(1) 貸倒懸念債権

　　（借）貸 倒 引 当 金 繰 入　 1,200 [01]　（貸）貸 倒 引 当 金　 1,200

　　01)（10,000 円 − 7,000 円）× 40% = 1,200 円

(2) 破産更生債権等

　① 科目の振替え

　　（借）破 産 更 生 債 権 等　 10,000　 （貸）長 期 貸 付 金　 10,000

　② 貸倒引当金の計上

　　（借）貸 倒 引 当 金 繰 入　 3,000 [02]　（貸）貸 倒 引 当 金　 3,000

　　02) 10,000 円 − 7,000 円 = 3,000 円

**割引現在価値** | **重要度 A**

以下の各問の割引現在価値を答えなさい。利子率は10%である。円未満の端数が生じた場合、計算の最終値で四捨五入すること。

(1) 3年後に1,000円となる資産の割引現在価値

(2) 現価係数を用いて3年後に1,000円となる資産の割引現在価値
　　利子率10%の現価係数　1年：0.909　2年：0.826
　　　　　　　　　　　　　3年：0.751

(3) 年金現価係数を用いて3年間にわたり、毎年1,000円ずつ受け取ることができる資産の割引現在価値
　　利子率10%の年金現価係数　1年：0.909　2年：1.735
　　　　　　　　　　　　　　　3年：2.486

(4) 1年目と2年目に各1,000円、3年目に2,000円受け取ることができる資産の割引現在価値

✏ ▶ 割引現在価値

(1) $1,000円 \div (1 + 0.1) \div (1 + 0.1) \div (1 + 0.1) = 751.31\cdots →$ **751円**

(2) $1,000円 \times 0.751 =$ **751円**

(3) $1,000円 \times 2.486 =$ **2,486円**

(4) $1,000円 \div (1 + 0.1) + 1,000円 \div (1 + 0.1) \div (1 + 0.1)$
　　$+ 2,000円 \div (1 + 0.1) \div (1 + 0.1) \div (1 + 0.1) = 3,238.16\cdots →$ **3,238円**

▶ 電卓の打ち方

(1)の現在価値

シャープ / キヤノンの場合

「1,000 ÷ 1.1 」 ＝ ＝ ＝ 751.31…→ 751 円

カシオの場合

「1.1 ÷ ÷ 1,000」 ＝ ＝ ＝ 751.31…→ 751 円

(4)の現在価値

　1 年目と 2 年目の現在価値を計算し、それに 3 年目の現在価値を加えます。

シャープ / キヤノンの場合

「1,000 ÷ 1.1 」 ＝ ＝ GT M＋

「2,000 ÷ 1.1 」 ＝ ＝ ＝ M＋ MR 3,238.16…→ 3,238 円

カシオの場合

「1.1 ÷ ÷ 1,000 」 M＋ M＋

「1.1 ÷ ÷ 2,000 」 ＝ ＝ M＋ MR 3,238.16…→ 3,238 円

　　　　　　　　または ＝ ＝ ＝ ＋ MR ＝ 3,238.16…→ 3,238 円

GT （グランド・トータル：総合計）　M＋ （メモリー：記憶「加算」）
MR （メモリーリコール：記憶の呼び出し）

※ 1　シャープの場合、電卓の上のほうにあるスイッチを、あらかじめ GT に切り替える必要があります。

※ 2　なお、一部の電卓では上記のようにできないものもありますがご容赦ください。

　次の資料にもとづき、当期末（×1年3月31日）の決算整理仕訳を示しなさい。なお、計算過程で端数が生じる場合、計算の最終値で円未満を四捨五入すること。

・　A社に対する長期貸付金 10,000 円は、年利率：年 4％、利払日 3月 31 日、返済期日：×4年 3月 31 日の条件で貸し付けたものである。
・　×1年3月31日の利払日後に、A社より条件緩和の申し出を受け、当社は年利率 2％に引き下げることに同意した。
・　キャッシュ・フロー見積法により貸倒引当金を設定する。なお、貸倒引当金の残高はゼロである。

➤ ポイント

　キャッシュ・フロー見積法
　　貸倒見積高＝債権金額 －将来キャッシュ・フローの現在価値

　変更後の利子率で割り引くと債権を時価で評価することになります。キャッシュ・フロー見積法の処理は、債権の時価評価ではなく、将来キャッシュ・フローの減損分の簿価の切下げであるため、当初の利子率を用います。

仕 訳

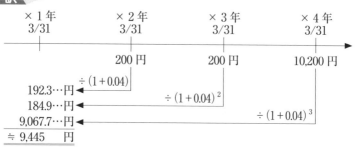

（借）貸倒引当金繰入　　555 01)（貸）貸 倒 引 当 金　　555

01) 10,000 円 － 9,445 円 = 555 円

## 問題5 キャッシュ・フロー見積法（前期設定）　重要度 A

次の資料にもとづき、当期末（×2年3月31日）の決算整理仕訳を示しなさい。なお、計算過程で端数が生じる場合、計算の最終値で円未満を四捨五入すること。

・　A社に対する長期貸付金10,000円は、年利率：年4%、利払日3月31日、返済期日：×4年3月31日の条件で貸し付けたものである。
・　前期末の利払日後に、A社より条件緩和の申し出を受け、当社は年利率2%に引き下げることに同意した。
・　キャッシュ・フロー見積法により貸倒引当金を設定する。なお、貸倒引当金の残高は555円、前期末の現在価値は9,445円である。
・　戻入額は受取利息とすること。

### ► ポイント

キャッシュ・フロー見積法の戻入額

受取利息＝当期末の現在価値 − 前期末の現在価値

時の経過による債権の価値の増加額は利息と考え、原則として受取利息とします。なお、貸倒引当金の取崩しの観点から貸倒引当金戻入とすることもできます。

### 仕訳 ▶

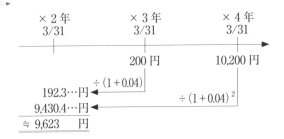

（借）貸 倒 引 当 金　　178 [01]（貸）受　取　利　息　　178

01) 9,623円 − 9,445円 ＝ 178円
　　または
　　貸倒見積高：10,000円 − 9,623円 ＝ 377円
　　貸倒引当金減少額：555円 − 377円 ＝ 178円

| 問題1 | 200%定率法 | 重要度 A |

　以下の備品について、1年目、6年目の減価償却の仕訳を示しなさい。
円未満の端数が生じた場合は切り捨てる。

(1)　×1年度期首に備品を10,000円で取得した。期末において、
　　200%定率法、耐用年数8年、間接法により減価償却を行う。
　　　償却率：0.25　改定償却率：0.334　保証率：0.07909
(2)　×6年度期首における備品の帳簿価額は2,374円である。

➤ポイント

　200%定率法
　①　(取得原価 − 減価償却累計額)×償却率
　②　取得原価×保証率
　①＞②の場合　①が減価償却費
　①＜②の場合　減価償却費＝改定取得価額(変更時の簿価)×改定償却率

　本試験では、償却率を計算する問題が出題されており、割切れない場合には端数処理せず、分数式のまま減価償却費を計算する問題が出題されています。

$$償却率 = \frac{1}{耐用年数} \times 200\%$$

仕訳 ▶

(1)　1年目の減価償却

　(借) 減 価 償 却 費　　2,500 [01] (貸) 備品減価償却累計額　2,500

　　01) ① 10,000円×0.25 = 2,500円

　　　　② 10,000円×0.07909 = 790.9 → 790円

　　　　①＞②　∴ 2,500円

(2)　6年目の減価償却

　(借) 減 価 償 却 費　　　792 [02] (貸) 備品減価償却累計額　　792

　　02) ① 2,374円×0.25 = 593.5 → 593円

　　　　② 10,000円×0.07909 = 790.9 → 790円

　　　　①＜②　∴ 2,374円×0.334 = 792.916 → 792円

## 問題2 生産高比例法　　　　　重要度 A

　以下の車両について、1年目と2年目の減価償却の仕訳を示しなさい。

　自動車（取得原価 10,000 円、耐用年数 5 年、可能走行距離は 10,000km、残存価額ゼロ）について生産高比例法により減価償却を行う。1 年目の走行距離は 500km、2 年目は 1,000km であった。

### ▶ポイント

生産高比例法

$$減価償却費 = (取得原価 - 残存価額) \times \frac{当期利用量}{総利用可能量}$$

利用割合に応じて償却するため、期中に取得しても月割計算しません。

### 仕訳 ▶

(1)　1年目の減価償却

| (借) 減 価 償 却 費 | 500 [01] | (貸) 車両減価償却累計額 | 500 |
|---|---|---|---|

01) 減価償却費：$10,000 \text{円} \times \dfrac{500\text{km}}{10,000\text{km}} = 500 \text{円}$

(2)　2年目の減価償却

| (借) 減 価 償 却 費 | 1,000 [02] | (貸) 車両減価償却累計額 | 1,000 |
|---|---|---|---|

02) 減価償却費：$10,000 \text{円} \times \dfrac{1,000\text{km}}{10,000\text{km}} = 1,000 \text{円}$

以下の備品について、当期の減価償却の仕訳を示しなさい。

前期の期首に備品（取得原価 1,500 円、耐用年数 5 年、残存価額ゼロ）を取得した。決算にさいして級数法によって減価償却を行う。

## ➤ ポイント

級数法

$$減価償却費 = (取得原価 - 残存価額) \times \frac{期首の残存耐用年数}{総項数^*}$$

$$*総項数 = \frac{耐用年数 \times (耐用年数 + 1)}{2}$$

級数法は社債の抽選償還でも使います。

## 仕 訳 ▶

（借）減 価 償 却 費 400 [01] （貸）備品減価償却累計額 400

01）総項数：$\dfrac{5 \times (5 + 1)}{2} = 15$

前期の減価償却費：$1,500 円 \times \dfrac{5}{15} = 500 円$

当期の減価償却費：$1,500 円 \times \dfrac{4}{15} = 400 円$

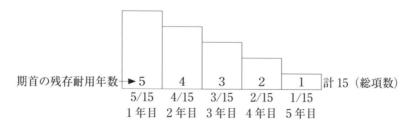

期首の残存耐用年数 ▶
| 5 | 4 | 3 | 2 | 1 | 計 15 （総項数） |
|---|---|---|---|---|---|
| 5/15 | 4/15 | 3/15 | 2/15 | 1/15 | |
| 1 年目 | 2 年目 | 3 年目 | 4 年目 | 5 年目 | |

## 問題1　ファイナンス・リース取引　　　　　重要度 A

　次の取引につき、(1)取得時、(2)リース料支払時、(3)決算時の仕訳を示しなさい。決算日は3月31日である。

・　×1年4月1日に備品をリースして使用している。このリース取引は所有権移転外ファイナンス・リース取引である。

・　リース期間は3年、年間のリース料は10,000円(3月末後払い)であり、当座預金口座より支払う。

・　備品の見積現金購入価額は28,000円である。割引率は当社の追加借入利子率5％を用い、このときの年金現価係数は2.7(3年)とする。

・　備品の耐用年数は4年、減価償却は定額法、間接法により行う。

### ➤ ポイント

1　ファイナンス・リース取引の実態は、リース会社からの借入れと固定資産の購入であるため、売買処理を行います。

2　見積現金購入価額とリース料総額の割引現在価値のいずれか低い方を取得原価とするのは、諸説ありますが、経営者は資産を購入する際は、低い価格で購入するからとも言われています。

### 仕訳 ▸

(1)　取得時

　(借)リ ー ス 資 産　27,000 [01] (貸)リ ー ス 債 務　27,000

01) 10,000円 × 2.7 = 27,000円　27,000円 < 28,000円　∴ 27,000円

(2)　リース料支払時

　(借)リ ー ス 債 務　8,650 [03] (貸)当 座 預 金　10,000
　　　支 払 利 息　1,350 [02]

02) 27,000円 × 5％ = 1,350円　　03) 10,000円 − 1,350円 = 8,650円

(3)　決算時

　(借)減 価 償 却 費　9,000 [04] (貸)リース資産減価償却累計額　9,000

04) 27,000円 ÷ 3年 = 9,000円　所有権移転→耐用年数　所有権移転外→リース期間

| 問題1 | 減損会計 | 重要度 A |

以下の資料にもとづき、減損の仕訳を示しなさい。

・ 機械（取得原価 13,000 円、減価償却累計額 3,000 円）に減損の兆候が見られるので、当期末に将来キャッシュ・フローを見積もったところ、残存耐用年数 3 年の各年に 2,000 円ずつキャッシュ・フローが生じ、使用後の残存価額は 1,000 円と見込まれた。
・ 機械の当期末における時価：5,500 円、処分費用：200 円
・ 機械の当期末における使用価値：5,900 円

➤ ポイント

減損損失＝固定資産の簿価－回収可能価額

回収可能価額：正味売却価額と使用価値のいずれか高い方

正味売却価額：時価－処分費用見込額

使用価値：将来キャッシュ・フローの現在価値

1 企業は商品や固定資産に投資し、投資額を上回るキャッシュを獲得します。将来得られるキャッシュが簿価を下回っている場合には損失が発生していると考えます。減損会計は、有価証券の時価評価とは異なり、将来に損失を繰延べないための簿価の減額です。

2 回収可能価額で高い方を用いるのは、経営者が、固定資産を使用してキャッシュを獲得するか、固定資産を売却してキャッシュを獲得するか、いずれか有利な方を選択するからです。

仕訳

(1) 減損損失の認識

帳簿価額 10,000 円 [01] ＞割引前将来 C/F 7,000 円 [02]

減損損失を認識する。

[01] 13,000 円 － 3,000 円 ＝ 10,000 円
[02] 2,000 円 × 3 年 ＋ 1,000 円 ＝ 7,000 円

(2) 減損損失の測定

| （借）減　損　損　失 | 4,100 [03] | （貸）機　　　　　械 | 4,100 |

[03] 正味売却価額：5,500 円 － 200 円 ＝ 5,300 円
使用価値 5,900 円＞正味売却価額 5,300 円　∴回収可能価額：5,900 円
減損損失：10,000 円 － 5,900 円 ＝ 4,100 円

## 問題2 資産のグルーピング　　　　重要度 A

次の資料にもとづき、減損の仕訳を示しなさい。

当社の保有する資産のうち、以下の資産グループについて、減損の兆候が生じている。
(1) 資産グループ（建物と土地より構成）
建物の簿価：1,500円、土地の簿価：500円
(2) 資産グループに係る割引前将来キャッシュ・フロー：1,950円
(3) 資産グループに係る回収可能価額：1,900円
減損損失は、簿価にもとづいて資産の種類別に配分する。

➤ ポイント

減損損失の配分

$$減損損失の配分額 = 減損損失 \times \frac{該当する資産の簿価}{固定資産の簿価合計}$$

仕訳 ▸

(1) 減損損失の認識・測定
帳簿価額：1,500円 + 500円 = 2,000円 > 割引前将来C／F 1,950円
→減損損失を認識する
減損損失：簿価2,000円 - 回収可能価額1,900円 = 100円

(2) 減損損失の配分

$$建物：100円 \times \frac{1,500円}{1,500円 + 500円} = 75円$$

$$土地：100円 \times \frac{500円}{1,500円 + 500円} = 25円$$

| （借）減　損　損　失 | 100 | （貸）建　　　　　物 | 75 |
|---|---|---|---|
| | | 土　　　　　地 | 25 |

## 問題1 資産除去債務　　　　　　　　　　　重要度 A

以下の日付の仕訳を示しなさい。
(1)×1年4月1日　(2)×2年3月31日　(3)×3年3月31日

(1)　×1年4月1日に機械を20,000円で取得し、現金で支払った。当社には、契約上この機械を2年後に除去する義務がある。この機械の除去に必要な支出は2,420円と見積もられた。割引率は年10%とする。

(2)　×2年3月31日の決算にあたり、資産除去債務の調整を行う。また、機械について、定額法、耐用年数2年、残存価額ゼロ、間接法により減価償却を行う。

(3)　×3年3月31日に機械を除去した。当期の減価償却費と利息費用は計上済みであり、機械減価償却累計額は22,000円、資産除去債務は2,420円となっている。除去に係る支出は2,500円であり、現金で支払った。

➤ポイント

資産除去債務

$$資産除去債務 = \frac{除去費用見積額}{(1+割引率)^{耐用年数}}$$

$$利息費用 = 期首資産除去債務 \times 割引率$$

$$履行差額 = 除去費用実際額 - 除去費用見積額$$

資産除去債務は、固定資産の除去に係る将来の負担を財務諸表に反映させるために計上します。

**仕 訳**

(1) 取得時（×1年4月1日）

| （借）機　　　　　械 | 22,000 [02] | （貸）現　　　　　金 | 20,000 |
|---|---|---|---|
| | | 資 産 除 去 債 務 | 2,000 [01] |

01) $\dfrac{2,420\,円}{1.1^2} = 2,000\,円$　　02) $20,000\,円 + 2,000\,円 = 22,000\,円$

(2) 決算時（×2年3月31日）

| （借）利　息　費　用 [05] | 200 [03] | （貸）資 産 除 去 債 務 | 200 |
|---|---|---|---|
| （借）減 価 償 却 費 | 11,000 [04] | （貸）機械減価償却累計額 | 11,000 |

03) $2,000\,円 × 10\% = 200\,円$　　04) $22,000\,円 ÷ 2\,年 = 11,000\,円$

05) P/L上、減価償却費と同じ区分に表示します。

(3) 除去時（×3年3月31日）

| （借）機械減価償却累計額 | 22,000 | （貸）機　　　　　械 | 22,000 |
|---|---|---|---|
| （借）資 産 除 去 債 務 | 2,420 | （貸）現　　　　　金 | 2,500 |
| 　　　履 行 差 額 [07] | 80 [06] | | |

06) $2,500\,円 - 2,420\,円 = 80\,円$

07) P/L上、減価償却費と同じ区分に表示します。

## 問題1　退職給付費用の計算　　重要度 A

当期の退職給付費用と当期末の退職給付引当金の金額を答えなさい。

(1)　期首退職給付債務　：50,000 円、期首年金資産：30,000 円
　　　期首退職給付引当金：20,000 円
(2)　勤務費用：8,000 円、割引率 3％、長期期待運用収益率 4％
(3)　年金基金へ掛け金 7,000 円を現金で拠出した。

### ➤ポイント

退職給付引当金

　　　退職給付費用＝勤務費用＋利息費用－期待運用収益

　　　利息費用＝期首退職給付債務×割引率

　　　期待運用収益＝期首年金資産×長期期待運用収益率

　退職給付会計は、将来の退職金の支払義務である退職給付債務から会社が積み立てた年金資産を除いた積立不足分を財務諸表に反映させるために行います。

### 仕訳

(1)　退職給付費用の計上

　　　退職給付費用：8,000 円＋ 50,000 円× 3％ － 30,000 円× 4％＝ **8,300** 円

　　　（借）退 職 給 付 費 用　8,300　（貸）退職給付引当金　8,300

(2)　年金基金への掛け金拠出

　　　（借）退職給付引当金　7,000　（貸）現　　　　　金　7,000

(3)　当期末退職給付引当金

　　　20,000 円＋ 8,300 円－ 7,000 円＝ **21,300** 円

退職給付費用

| 勤務費用 | 期待運用収益 |
|---|---|
| 8,000 円 | 1,200 円 |
| | P/L |
| | 退職給付費用 |
| 利息費用 | 8,300 円 |
| 1,500 円 | |

退職給付引当金

| 掛け金拠出 | 期首 |
|---|---|
| 7,000 円 | 20,000 円 |
| B/S | 退職給付費用 |
| 退職給付引当金 | 8,300 円 |
| 21,300 円 | |

▶注意点

退職一時金の支払い（会社から退職者）　：退職給付債務の減少→**退職給付引当金の減少**

退職年金の支払い（年金基金から退職者）：退職給付債務の減少・年金資産の減少

　　　　　　　　　　　　　　　　　　　**→仕訳なし**

年金掛け金の支払い（会社から年金基金）：年金資産の増加→**退職給付引当金の減少**

---

**研究**▷　**どうして退職給付引当金の繰入だけ、退職給付費用なのか**

　そもそも「退職給付は、引当金なのだろうか」という疑問があります。

　引当金は発生の可能性が高いものに設定されますが、従業員の退職は必ず起こるもので、可能性100％です。だったら、引当金ではなく「通常の債務と同じではないのか」という話になります。

　退職給付引当金は期末に決算で設定するのではなく、本来、当期分を見積って**期首に設定**します。

　このような引当金の中における特殊性から、退職給付引当金を設定するさいの相手勘定には『退職給付費用』を用います。

8章 社債

| 問題 1 | 社債（定額法） | 重要度 A |

以下の場合において、(1)発行日、(2)利払日、(3)決算日の仕訳を示しなさい。決算日は 3 月 31 日である。

- ×1 年 4 月 1 日に社債を 19,000 円（額面 20,000 円、償還日×6 年 3 月 31 日、券面利子率年 1 ％、利払日 3 月末日）で発行し、払込金は当座預金とした。
- 償却原価法（定額法）で処理する。利息は当座預金口座より支払う。

➤ ポイント

償却原価法（定額法）

$$償却額 = (額面金額 - 払込金額) \times \frac{当期の社債の利用月数}{発行日から償還日までの月数}$$

満期保有目的債券と異なり、金利の調整の記載がないのに償却原価法を行うのは、自社が債務不履行となることを想定せず、金利の調整の性格を有することが前提となっているからです。

仕 訳 ▸

(1) 発行日

（借）当 座 預 金 19,000 （貸）社 債 19,000

(2) 利払日

（借）社 債 利 息 200 [01] （貸）当 座 預 金 200

01) 20,000 円 × 1 ％ = 200 円

(3) 決算日

（借）社 債 利 息 200 [02] （貸）社 債 200

02) $(20,000 円 - 19,000 円) \times \dfrac{12 \text{カ月}}{60 \text{カ月}} = 200 円$

## 問題2 社債（利息法）　　　　　　　重要度 A

以下の場合において、(1)発行日、(2)利払日の仕訳を示しなさい。決算日は3月31日である。

- ×1年4月1日に社債を19,000円（額面20,000円、償還日×6年3月31日、券面利子率1％、利払日3月末日）で発行し、払込金は当座預金とした。
- 償却原価法（利息法、実効利子率2％）で処理する。利息は当座預金口座より支払う。

➤ ポイント

償却原価法（利息法）

利息配分額 ＝ 帳 簿 価 額 × 実効利子率

利札支払額 ＝ 額 面 金 額 × 券面利子率

償　却　額 ＝ 利息配分額 － 利札支払額

### 仕訳 ▶

(1)　発行日

（借）当 座 預 金 19,000　（貸）社　　　　　債 19,000

(2)　利払日

（借）社 債 利 息 380 [01]（貸）当 座 預 金 200 [02]

社　　　　債 180 [03]

01)　19,000円 × 2 ％ = 380円

02)　20,000円 × 1 ％ = 200円

03)　380円 － 200円 = 180円

**買入償還（定額法）** 　　　　　　　　　　　重要度 A

×4年9月30日の取引の仕訳を示しなさい。決算日は3月31日である。

×1年4月1日に額面総額20,000円、払込金額19,000円、期間5年、利率年1％（利払日は3月末）の条件で発行した社債の全額を、×4年9月30日に19,800円で買入償還し、社債利息とともに当座預金より支払った。
　償却原価法（定額法）で処理する。×4年4月1日の社債の簿価は19,600円である。

▶ **ポイント**

社債の買入償還

$$償還時の社債の簿価 - 買入価額 = \begin{cases} ⊕ 社債償還益 \\ \quad（簿価より安く返済できた）\\ ⊖ 社債償還損 \\ \quad（簿価より高く返済した） \end{cases}$$

　固定資産の売却損益の計算では売却価額が先にきますが、負債の返済のため買入価額が後にくるように決めておくと、本試験で迷うことが少なくなります。

**仕訳** ▶

| （借）社 債 利 息 | 100 [01] | （貸）社 債 | 100 |
|---|---|---|---|
| （借）社 債 | 19,700 [02] | （貸）当 座 預 金 | 19,800 |
| 社 債 償 還 損 | 100 [03] | | |
| （借）社 債 利 息 | 100 [04] | （貸）当 座 預 金 | 100 |

01）$(20,000円 - 19,000円) \times \dfrac{6\,カ月}{60\,カ月} = 100円$

02）$19,600円 + 100円 = 19,700円$

03）$19,700円 - 19,800円 = △100円$（償還損）

04）$20,000円 \times 1\% \times \dfrac{6\,カ月}{12\,カ月} = 100円$

問題4 買入償還（利息法）　　　重要度 A

　×4年9月30日の取引の仕訳を示しなさい。決算日は3月31日である。端数が生じた場合は円未満を四捨五入すること。

　×1年4月1日に額面総額20,000円、払込金額19,000円、期間5年、利率1％（利払日は3月末）の条件で発行した社債の全額を、×4年9月30日に19,800円で買入償還し、社債利息とともに当座預金から支払った。
　償却原価法（利息法、実効利子率2％）で処理する。×4年4月1日の社債の簿価は19,551円である。

➤ ポイント

　社債の買入償還

$$社債の簿価 \times \frac{償還分額面金額}{額面総額} = 償還分の社債の簿価$$

　本問は全額償還ですが、一部償還の場合、社債の簿価を額面金額の割合で配分します。

仕訳　▶

| （借）社　債　利　息 | 196 [01] | （貸）当　座　預　金 | 100 [02] |
| | | 社　　　　　債 | 96 [03] |
| （借）社　　　　　債 | 19,647 [04] | （貸）当　座　預　金 | 19,800 |
| 社　債　償　還　損 | 153 [05] | | |

01）$19,551 円 \times 2 \% \times \dfrac{6 \, カ月}{12 \, カ月} = 195.51 \rightarrow 196 円$

02）$20,000 円 \times 1 \% \times \dfrac{6 \, カ月}{12 \, カ月} = 100 円$

03）$196 円 - 100 円 = 96 円$

04）$19,551 円 + 96 円 = 19,647 円$

05）$19,647 円 - 19,800 円 = \triangle 153 円$（償還損）

| 問題1 | 剰余金の配当1 | | 重要度 A |

以下の取引の仕訳を示しなさい。

　株主総会決議により、剰余金の配当に関して以下の決議がされ、その効力が生じた。

　なお、株主総会時における資本金は 10,000 円、資本準備金は 2,000 円、利益準備金は 100 円であった。

〈剰余金の配当に関する決議内容〉

　配当総額は 3,000 円。そのうち、1,000 円についてはその他資本剰余金を財源とし、2,000 円については繰越利益剰余金を財源とする。

## ▶ポイント

準備金の積立額

$$配当額の合計 \times \frac{1}{10}$$

$$資本金 \times \frac{1}{4} -（資本準備金＋利益準備金）$$

\} いずれか小さい方

配当財源が その他資本剰余金 → 資本準備金を積立て

　　　　　　繰越利益剰余金 → 利益準備金を積立て

　準備金の積立額の計算は、配当時の金額により行います。期首から配当時までに新株を発行している場合、資本金と資本準備金の増加を考慮します。

## 仕訳 ▶

| （借）その他資本剰余金 | 1,100 | （貸）資 本 準 備 金 | 100 [01] |
| | | 未 払 配 当 金 | 1,000 |
| （借）繰越利益剰余金 | 2,200 | （貸）利 益 準 備 金 | 200 [02] |
| | | 未 払 配 当 金 | 2,000 |

01) 02) $3,000 円 \times \frac{1}{10} = 300 円 < 10,000 円 \times \frac{1}{4} -（2,000 円＋100 円）= 400 円$
　　　配当総額　　　　　　　　　　資本金　　　　資本準備金　利益準備金
　　　よって準備金積立額 300 円

　　　資本準備金 $1,000 円 \times \frac{1}{10} = 100 円$　　　利益準備金 $2,000 円 \times \frac{1}{10} = 200 円$

問題2　**剰余金の配当 2**　　　　　　　　　　**重要度 A**

　以下の取引の仕訳を示しなさい。

　株主総会決議により、剰余金の配当に関して以下の決議がされ、その効力が生じた。

　なお、株主総会時における資本金は 10,000 円、資本準備金は 2,000 円、利益準備金は 380 円であった。

〈剰余金の配当に関する決議内容〉

　配当総額は 3,000 円。そのうち、1,000 円についてはその他資本剰余金を財源とし、2,000 円については繰越利益剰余金を財源とする。

➤ **ポイント**

　積立限度額を超える場合には、準備金積立額を資本準備金と利益準備金に割り振るしかなく、割り振る基準としては配当額が考えられます。

**仕訳** ▸

| (借) その他資本剰余金 | 1,040 | (貸) 資 本 準 備 金 | 40 [01] |
|---|---|---|---|
| | | 未 払 配 当 金 | 1,000 |
| (借) 繰越利益剰余金 | 2,080 | (貸) 利 益 準 備 金 | 80 [02] |
| | | 未 払 配 当 金 | 2,000 |

01)　$\underset{\text{配当総額}}{3,000 \text{円}} \times \dfrac{1}{10} = 300 \text{円} > \underset{\text{資本金}}{10,000 \text{円}} \times \dfrac{1}{4} - \underset{\text{資本準備金　利益準備金}}{(2,000 \text{円} + 380 \text{円})} = 120 \text{円}$

　　　よって準備金積立額 120 円

　　　資本準備金積立額：$120 \text{円} \times \dfrac{1,000 \text{円}}{2,000 \text{円} + 1,000 \text{円}} = 40 \text{円}$

02)　利益準備金積立額：$120 \text{円} \times \dfrac{2,000 \text{円}}{2,000 \text{円} + 1,000 \text{円}} = 80 \text{円}$

　次の取引の仕訳を示しなさい。

(1)　当社が発行している株式 100 株のうち 10 株を 1 株あたり 1,000 円で取得し、代金は購入手数料 100 円とともに当座預金口座より支払った。

(2)　自己株式 10 株すべてを募集株式発行の手続きにより処分し、払込金額は当座預金とした。
　　自己株式の処分の対価が① 13,000 円、② 8,000 円の場合の仕訳をそれぞれ示しなさい。

➤ ポイント

1　購入手数料は証券会社に支払うものであり、会社と株主との取引ではないため、自己株式の取得原価に含めません。

2　自己株式の処分も新株の発行も、お金が会社に払込まれ株式を引渡す点は同じです。そのため、処分差額も払込資本と同じ性格を持つと考え、資本剰余金とします。
　そして、資本準備金となる項目は会社法で規定されているため、自己株式処分差額はその他資本剰余金とします。

仕訳　▶

(1)　自己株式の取得

| （借）自 己 株 式 | 10,000 | （貸）当 座 預 金 | 10,100 |
|---|---|---|---|
| 支 払 手 数 料 | 100 | | |

(2)①自己株式の処分（対価が 13,000 円の場合）

| （借）当 座 預 金 | 13,000 | （貸）自 己 株 式 | 10,000 |
|---|---|---|---|
| | | その他資本剰余金 | 3,000 |

　②自己株式の処分（対価が 8,000 円の場合）

| （借）当 座 預 金 | 8,000 | （貸）自 己 株 式 | 10,000 |
|---|---|---|---|
| その他資本剰余金 | 2,000 | | |

**問題4 自己株式の消却・その他資本剰余金のてん補 重要度 A**

次の取引の仕訳を示しなさい。

(1) 取締役会決議により自己株式 10,000 円を消却することが決議され、消却手続きが完了した。消却にあたり手数料 500 円を現金で支払った。なお、消却時におけるその他資本剰余金の金額は 8,000 円であった。

(2) 自己株式の消却を行った結果、決算時におけるその他資本剰余金の金額はマイナスとなった。

➤ **ポイント**

自己株式に係る手数料

取得に係る手数料 ┐
　　　　　　　　├ 支払手数料（営業外費用）
消却に係る手数料 ┘

処分に係る手数料 ┬ 原則：株式交付費（営業外費用）
　　　　　　　　└ 容認：株式交付費（繰延資産）

1 自己株式の処分・消却の結果、その他資本剰余金がマイナスとなったときは、決算時に、繰越利益剰余金でてん補します。

2 その都度、てん補しないのは、同じ会計期間にその他資本剰余金がマイナスとなる取引とプラスになる取引があった場合、その順序によって決算時のその他資本剰余金の金額が異なってしまうからです。

**仕訳** ▸

(1) 自己株式の消却

（借）その他資本剰余金　10,000　（貸）自 己 株 式　10,000
（借）支 払 手 数 料　 500　（貸）現　　　　金　 500

(2) その他資本剰余金のてん補

（借）繰越利益剰余金　2,000 01)（貸）その他資本剰余金　2,000

01) 8,000 円 − 10,000 円 ＝ △ 2,000 円

次の取引の仕訳を示しなさい。

(1) ×1年4月1日に、新株予約権30個（払込金額：1個500円）を発行し、払込金額を当座預金とした。

(2) ×2年6月30日に、新株予約権10個が行使され、株式を発行した。なお、新株予約権1個につき2株を発行し、権利行使価額は1株あたり1,000円である。資本金計上額は会社法規定の最低額とする。

(3) ×3年3月31日に、新株予約権20個が行使されないまま権利行使期限が到来した。

➤ ポイント

権利行使時の資本金計上額（通常の株式の発行と同じ）

原則：（株式の払込金額＋新株予約権）の全額を資本金

容認：（株式の払込金額＋新株予約権）$\times \dfrac{1}{2}$

新株予約権は、株主から株式の代金として払込まれたものではなく、株式を購入できる権利として払込まれたものです。

そのため、B／S上、株主資本と区別するために、新株予約権として表示します。

## 仕訳

(1)　新株予約権の発行

（借）当　座　預　金　15,000　（貸）新 株 予 約 権　15,000

(2)　新株予約権の行使

（借）当　座　預　金　20,000 [01]（貸）資　　本　　金　12,500 [03]
　　　新 株 予 約 権　5,000 [02]　　　資 本 準 備 金　12,500

01）@1,000円 × 2株 × 10個 = 20,000円　　03）（20,000円 + 5,000円）× $\frac{1}{2}$ = 12,500円

02）@500円 × 10個 = 5,000円

(3)　権利行使期限の到来

（借）新 株 予 約 権　10,000 [04]（貸）新株予約権戻入益　10,000

04）@500円 × 20個 = 10,000円

---

### 研究　　なぜ、最低でも資本金に組み入れる金額が1/2となったのか

　昔、日本の会社が「1割配当（資本金の1割を配当する）」を優良企業のステータスとしていた頃のことでした。

　あまり利益が出ていなくても、どうしても1割配当を実現したいと思った会社は「資本金を小さくしておけばよい」ことに気づき、株主からの払込みを受けても、極力、少額しか資本金としていませんでした。

　しかし、これでは資本の充実は図れるはずもなく、また、株主からの払込金は、全額を資本金とするのが筋であることは明白であり、当時の会計学者は「全額を資本金とするべき」と主張しました。

　そこで、「資本金を小さくしておきたい」会社と、「全額を資本金とするべき」という会計上の考えを考慮し、「原則として全額を資本金とする」しかし「1/2は資本金としなくてもよい」と定められました。昭和56年の商法改正のときの話です。

## 問題6　新株予約権付社債　　重要度 A

次の取引の仕訳を示しなさい。決算日は 3 月 31 日である。払込みと支払いは当座預金口座で行う。

(1)　×1 年 4 月 1 日

額面総額 10,000 円の転換社債型以外の新株予約権付社債を、額面@ 100 円につき@ 90 円、新株予約権は 1 個につき 100 円で 10 個発行した。償還期限は 5 年である。利子は付かないものとする。

(2)　×2 年 3 月 31 日

決算において、発行差額について償却原価法（定額法）を適用する。

(3)　×2 年 4 月 1 日

新株予約権 10 個全てが権利行使され、新株予約権 1 個につき 2 株を発行した。権利行使価額は 1 株あたり 500 円である。資本金計上額は会社法規定の最低額とする。

①代用払込が行われた場合、②当座預金による払込みが行われた場合の仕訳をそれぞれ示しなさい。

### 仕 訳 ▶

(1)　発行時

転換社債型以外の新株予約権付社債の処理は、社債と新株予約権を分ける区分法のみとなります。

| （借）当 座 預 金 | 10,000 | （貸）社　　　　　債 | 9,000 [01] |
| | | 新 株 予 約 権 | 1,000 [02] |

01)　$10,000 円 \times \dfrac{@ 90 円}{@ 100 円} = 9,000 円$　　02)　@ 100 円 × 10 個 = 1,000 円

(2)　決算時

| （借）社 債 利 息 | 200 [03] | （貸）社　　　　　債 | 200 |

03)　$(10,000 円 - 9,000 円) \times \dfrac{12 カ月}{60 カ月} = 200 円$

(3) 権利行使時

① 代用払込の場合

| （借）社 債 | 9,200 [04] | （貸）資 本 金 | 5,100 [05] |
|---|---|---|---|
| 新 株 予 約 権 | 1,000 | 資 本 準 備 金 | 5,100 |

04) 9,000 円 + 200 円 = 9,200 円　　05) $(9,200 円 + 1,000 円) \times \frac{1}{2} = 5,100$ 円

② 現金払込の場合

| （借）当 座 預 金 | 10,000 [06] | （貸）資 本 金 | 5,500 [07] |
|---|---|---|---|
| 新 株 予 約 権 | 1,000 | 資 本 準 備 金 | 5,500 |

06) @ 500 円 × 2 株 × 10 個 = 10,000 円　　07) $(10,000 円 + 1,000 円) \times \frac{1}{2} = 5,500$ 円

➤ ポイント

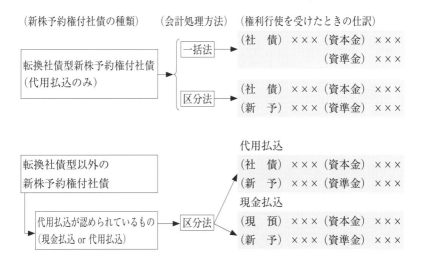

**転換社債型新株予約権付社債** 重要度 A

　以下の場合において、(1)×1年4月1日、(2)×2年3月31日の仕訳を一括法により示しなさい。決算日は3月31日である。

(1)　当社は、×1年4月1日に額面総額10,000円の転換社債型新株予約権付社債を、額面@100円につき@90円、新株予約権は1個につき100円で10個発行し、払込金は当座預金とした。償還期限は5年である。利子は付かないものとする。

(2)　×2年3月31日に、新株予約権の全額が行使された。新株予約権1個につき2株を発行し、権利行使価額は1株あたり500円である。資本金計上額は会社法規定の最低額とする。

➤ポイント

　転換社債型の区分法の処理は、転換社債型以外の区分法の代用払込の処理と同じとなります。

仕訳

(1)　発行時

(借)当　座　預　金　10,000　　(貸)社　　　　　債　10,000

(2)　権利行使時

(借)社　　　　　債　10,000　　(貸)資　　本　　金　5,000 [01]

　　　　　　　　　　　　　　　　　　　資　本　準　備　金　5,000

01)　$10,000 \text{円} \times \dfrac{1}{2} = 5,000 \text{円}$

## 研究 ▶ 仕訳と財務諸表

　1級の本試験では、財務諸表の金額を問う問題が多く出題されています。簿記である以上、仕訳を理解することは非常に大事なことですが、仕訳の結果、財務諸表にどのような金額が計上するかをイメージしておくことも大事です。

　例えば、その他有価証券の期末評価の問題であれば、市場価格のあるものは時価で計上し、市場価格のないものは取得原価または実質価額で計上します。

　そのため、複数銘柄を保有している場合、市場価格のあるものは時価の合計、市場価格のないものは取得原価または実質価額の合計額を、貸借対照表に計上します。

　また、連結財務諸表の場合、非支配株主持分は、子会社の期末純資産に非支配株主持分割合を掛けた金額に、アップ・ストリームによる未実現利益の消去などの非支配株主持分への影響額を加減した金額を、連結貸借対照表に計上します。

　問題の問われ方によって、仕訳を丁寧にした上で集計し解答した方が良い場合と、仕訳を1つずつするよりも金額を集計して解答した方が効率的な場合があります。

ストック・オプション　　　　　　重要度 A

次の日付の仕訳を示しなさい。決算日は3月31日である。
(1)×2年3月31日　(2)×3年3月31日　(3)×4年3月31日

課長以上の従業員10名に対して、×1年4月1日に以下のストック・オプションを付与した。
[ストック・オプションの内容]
① ストック・オプション数は従業員1人あたり10個（合計100個）である。なお、付与日における公正な評価単価は@30円である。

② ストック・オプションの行使により与えられる株式数は1個につき1株である。ストック・オプションの権利確定日は×4年3月31日である。

③ ×2年3月31日において、権利確定日までに2人の退職による失効を見込んでいる。
　その後、×3年3月に失効見込みを3人に変更した。×2年3月、×3年3月の退職者はおらず、×4年3月の退職者は3人であった。

## ポイント

株式報酬費用 ＝ 公正な評価額* × $\dfrac{\text{付与日から当期末までの月数}}{\text{対象勤務期間（月数）}}$ － 既計上額

　　＊公正な評価額 ＝ 公正な評価単価 × ストック・オプション数（変更後）

従業員や役員はストック・オプションと引換えに企業にサービス（労働）を提供し、企業はこれを消費しているため、株式報酬費用として費用処理します。株式報酬費用は給料と同様に販売費及び一般管理費の区分に表示します。

**仕訳**

(1) ×2年3月31日

(借) 株 式 報 酬 費 用　　800 [01] (貸) 新 株 予 約 権　　800

01) 公正な評価額：@30円×10個×（10人－2人）= 2,400円

株式報酬費用：$2,400 円 \times \dfrac{12 \, カ月}{36 \, カ月} = 800 円$

(2) ×3年3月31日

(借) 株 式 報 酬 費 用　　600 [02] (貸) 新 株 予 約 権　　600

02) 公正な評価額：@30円×10個×（10人－3人）= 2,100円

株式報酬費用：$2,100 円 \times \dfrac{24 \, カ月}{36 \, カ月} - 800 円 = 600 円$

(3) ×4年3月31日

(借) 株 式 報 酬 費 用　　700 [03] (貸) 新 株 予 約 権　　700

03) 2,100円 － 800円 － 600円 = 700円

---

**研究　　新株予約権と株式引受権の違い**

　新株予約権は、株式を決められた価格で買う権利であり、権利行使した時にお金を払う必要があります。一方、株式引受権は株式そのものをもらう権利であり、あらためてお金を払う必要はありません。

次の取引の仕訳を示しなさい。決算日は 3 月 31 日である。

・　×1 年 7 月 1 日に取締役 10 人に 2 年間の業務執行を条件に、1 人あたり株式 10 株を無償交付することを決定した。株式の権利確定日は×3 年 6 月 30 日である。

・　×1 年 7 月 1 日の株式の評価単価は@ 240 円であり、同日において退任は見込んでいない。

(1)　×2 年 3 月 31 日の決算にあたり必要な処理を行った。

(2)　×3 年 3 月 31 日に退任による失効見込数を 1 人に変更した。

(3)　×3 年 5 月末に取締役の 1 人が退任し、×3 年 6 月末において 9 人の権利が確定した。

(4)　×3 年 7 月 1 日に 9 人の取締役に対し、株式 90 株を交付した。

　　なお、当社は自己株式を交付する場合に備えて、自己株式を保有（簿価20,000円：@200円×100株）している。

## ▶ポイント

　2019年の会社法改正により、証券取引所に上場している会社の取締役に対する報酬等として、金銭の払込みがなく無償で株式を交付（新株の発行または自己株式の処分）する取引が認められるようになりました。

　ストック・オプションは、「株式を一定価額で購入する権利」であり、権利行使価額の払込み（有償）の後に株式を交付します。株式の無償交付では、会社の株式そのものを、取締役に労働に対する報酬として与えます。

　株式の無償交付には、権利が確定した後に株式を交付する**事後交付型**と、権利が確定する前に株式を交付する**事前交付型**があります。

### 事後交付型の場合

　ストック・オプションと同じように、以下の式で費用を計算します。

$$株式の評価単価 \times 1人当たり交付株式数 \times (交付人数 - 退任見込人数) \times \frac{経過月数}{対象勤務期間} - 既計上額$$

**仕訳**

(1) **決算時（×2年3月末）**

（借）報　酬　費　用　　9,000 [01]　（貸）株 式 引 受 権　　9,000

01)　@ 240 円 × 10 株 × 10 人 × $\dfrac{9 \, カ月}{24 \, カ月}$ = 9,000 円

(2) **決算時（×3年3月末）**

（借）報　酬　費　用　　9,900 [02]　（貸）株 式 引 受 権　　9,900

02)　@ 240 円 × 10 株 ×（10 人 − 1 人）× $\dfrac{21 \, カ月}{24 \, カ月}$ − 9,000 円 = 9,900 円

(3) **権利確定時（×3年6月末）**

（借）報　酬　費　用　　2,700 [03]　（貸）株 式 引 受 権　　2,700

03)　@ 240 円 × 10 株 ×（10 人 − 1 人）− 9,000 円 − 9,900 円 = 2,700 円

(4) **株式交付時（×3年7月）**

① **新株を発行する場合**

全額を資本金とする場合

（借）株 式 引 受 権　21,600 [04]　（貸）資　　本　　金　21,600

04)　@ 240 円 × 10 株 × 9 人 = 21,600 円

② **自己株式（90株）を処分する場合**（簿価 18,000 円：@ 200 円 × 90 株）

（借）株 式 引 受 権　21,600　　（貸）自 己 株 式　18,000 [05]
　　　　　　　　　　　　　　　　　　　その他資本剰余金　 3,600 [06]

05)　@ 200 円 × 90 株 = 18,000 円

06)　21,600 円 − 18,000 円 = 3,600 円

(5) **表示**

株式引受権は、貸借対照表上、Ⅱ評価・換算差額等（連結上はその他の包括利益累計額）と、Ⅳ新株予約権の間にⅢ株式引受権として表示します。

報酬費用は、損益計算書上、販売費及び一般管理費の区分に表示します。

次の取引の仕訳を示しなさい。決算日は3月31日である。

- ×1年7月1日に取締役10人に2年間の業務執行を条件に、1人あたり株式10株を無償交付することを決定した。株式の権利確定日は×3年6月30日である。
- ×1年7月1日の株式の評価単価は@240円であり、同日において退任は見込んでいない。

(1) ×1年7月1日に取締役に新株を交付した。資本増加額の全額を資本金とする。

(2) ×2年3月31日の決算にあたり必要な処理を行った。

(3) ×3年3月31日に退任による失効見込数を1人に変更した。

(4) ×3年5月末に取締役の1人が退任し、取締役から株式を没収した。

(5) ×3年6月末に9人の取締役に対する権利が確定した。

▶ ポイント

**事前交付型で、新株を発行する場合**

　株式は×1年7月に交付します。労働の提供を受けるごとに資本が増えたと考え、各期末に資本を増加させます。

　事前に株式を交付する場合に、取締役が退任したときは株式を没収します。なお、新株を発行する場合には没収の仕訳はありません。

**仕 訳**

**(1) 株式交付時（×1年7月）**

仕 訳 な し

**(2) 決算時（×2年3月末）**

（借）報 酬 費 用　9,000 <sup>01)</sup>（貸）資 本 金　9,000

01) @240円×10株×10人×$\dfrac{9\,カ月}{24\,カ月}$ = 9,000円

(3)　**決算時（×3年3月末）**

（借）報　酬　費　用　9,900 02) （貸）資　　本　　金　9,900

02)　@240円×10株×（10人－1人）×$\dfrac{21\,カ月}{24\,カ月}$ － 9,000円 ＝ 9,900円

(4)　**株式没収時（×3年5月末）**

**仕　訳　な　し**

(5)　**権利確定時（×3年6月末）**

（借）報　酬　費　用　2,700 03) （貸）資　　本　　金　2,700

03)　@240円×10株×（10人－1人）－ 9,000円 － 9,900円 ＝ 2,700円

※　**参考　貸借対照表と連結貸借対照表の表示**

貸借対照表

純資産の部

I　株主資本
　資　本　金
　資本剰余金
　　資本準備金
　　その他資本剰余金
　利益剰余金
　　利益準備金
　　その他利益剰余金
　　　任意積立金
　　　繰越利益剰余金
　自己株式
II　評価・換算差額等
III　株式引受権
IV　新株予約権

連結貸借対照表

純資産の部

I　株主資本
　資　本　金
　資本剰余金
　利益剰余金
　自己株式
II　その他の包括利益累計額
III　株式引受権
IV　新株予約権
V　非支配株主持分

次の取引の仕訳を示しなさい。決算日は3月31日である。

- ×1年7月1日に取締役10人に2年間の業務執行を条件に、1人あたり株式10株を無償交付することを決定した。株式の権利確定日は×3年6月30日である。
- ×1年7月1日の株式の評価単価は@240円であり、同日において退任は見込んでいない。

(1) ×1年7月1日に取締役に自己株式（簿価20,000円：@200円×100株）を交付した。

(2) ×2年3月31日の決算にあたり必要な処理を行った。

(3) ×3年3月31日に退任による失効見込数を1人に変更した。

(4) ×3年5月末に取締役の1人が退任し、取締役から株式を没収した。

(5) ×3年6月末に9人の取締役に対する権利が確定した。

## ➤ ポイント

**事前交付型で、自己株式を処分する場合**

　交付日に自己株式を交付した事実を重視し、×1年7月に自己株式を減少させ、**相手勘定はその他資本剰余金**とします。そして、**各期末に報酬費用を計上する**とともに、**その他資本剰余金を調整**します。

　事前交付型で自己株式を交付する場合には株式交付時に自己株式を減らしているため、没収（退任した取締役から株式を回収）の仕訳が必要となります。

**仕訳**

(1)　**株式交付時（×1年7月）**

(借) その他資本剰余金　20,000 <sup>01)</sup>　(貸) 自　己　株　式　20,000

01) @200円 × 10株 × 10人 = 20,000円

(2)　**決算時（×2年3月末）**

(借) 報　酬　費　用　9,000 <sup>02)</sup>　(貸) その他資本剰余金　9,000

02) @240円 × 10株 × 10人 × $\dfrac{9 \text{カ月}}{24 \text{カ月}}$ = 9,000円

(3)　**決算時（×3年3月末）**

(借) 報　酬　費　用　9,900 <sup>03)</sup>　(貸) その他資本剰余金　9,900

03) @240円 × 10株 × (10人 − 1人) × $\dfrac{21 \text{カ月}}{24 \text{カ月}}$ − 9,000円 = 9,900円

(4)　**没収時（×3年5月末）**

没収分10株について、株式交付時と貸借反対の仕訳を行います。

(借) 自　己　株　式　2,000 <sup>04)</sup>　(貸) その他資本剰余金　2,000

04) @200円 × 10株 × 1人 = 2,000円

(5)　**権利確定時（×3年6月末）**

(借) 報　酬　費　用　2,700 <sup>05)</sup>　(貸) その他資本剰余金　2,700

05) @240円 × 10株 × (10人 − 1人) − 9,000円 − 9,900円 = 2,700円

**決算時の処理における貸方科目のまとめ**

　事前交付型の場合、新株を発行するときは費用計上に応じて資本を計上します。

　一方、自己株式を交付するときは、交付時にまとめて自己株式を減らして、費用計上に応じてその他資本剰余金を調整します。

|  | 事後交付型 | 事前交付型 |
|---|---|---|
| 新株の発行 | 株　式　引　受　権 | 資本金（資本準備金） |
| 自己株式の処分 | | その他資本剰余金 |

## 問題1　市場販売目的のソフトウェア　　重要度 A

　次の市場販売目的のソフトウェアについて、見込販売数量にもとづいて償却する場合の各期の仕訳を示しなさい。

1．×1期期首に資産計上したソフトウェア制作費：15,000円
　　ソフトウェアの見込有効期間：3年

2．×1期における各期の見込販売数量
　　×1期：400個、×2期：600個、×3期：500個
　　×1期の実績販売数量は、400個であった。

3．×2期期首に、見込販売数量を次のとおり変更した。
　　×2期：700個、×3期：300個
　　×2期と×3期の実績販売数量は、変更後の見込販売数量と同じであった。

▶ポイント

市場販売目的のソフトウェア（見込販売数量）

① 未償却残高÷残存有効期間

② 未償却残高× $\dfrac{\text{当期の実績販売数量}}{\text{当期以降の見込販売数量}}$

③ ①と②のいずれか大きい方

1　いずれか大きい方を用いるのは有効期間内に償却するためです。

2　ストック・オプションと異なるのは、2年目はソフトウェア計上額ではなく、未償却残高にもとづいて計算する点です。

3　期首に見積り変更した場合、その期は変更後を用いて計算し、期末に見積り変更した場合、翌期から変更後を用いて計算します。

4　計算式の分子には見積りではなく、実績がくる点に注意しましょう。

5　見込販売収益にもとづいて償却する場合は、上記の計算式の「販売数量」を「販売収益」に置き換えて計算します。

**仕訳** ▶

(1) ×1期

（借）ソフトウェア償却　5,000 $^{01)}$（貸）ソフトウェア　5,000

01) 均等配分額：15,000 円 ÷ 3 年 = 5,000 円

見込販売数量：$15,000 \text{ 円} \times \dfrac{400 \text{ 個}}{400 \text{ 個} + 600 \text{ 個} + 500 \text{ 個}} = 4,000 \text{ 円}$

5,000 円 > 4,000 円　∴ 5,000 円


(2) ×2期

（借）ソフトウェア償却　7,000 $^{02)}$（貸）ソフトウェア　7,000

02) 均等配分額：（15,000 円 − 5,000 円）÷ 2 年 = 5,000 円

見込販売数量：$(15,000 \text{ 円} - 5,000 \text{ 円}) \times \dfrac{700 \text{ 個}}{700 \text{ 個} + 300 \text{ 個}} = 7,000 \text{ 円}$

5,000 円 < 7,000 円　∴ 7,000 円


(3) ×3期

（借）ソフトウェア償却　3,000 $^{03)}$（貸）ソフトウェア　3,000

03) 15,000 円 − 5,000 円 − 7,000 円 = 3,000 円


借方は過去の本試験に合わせて「ソフトウェア償却」としていますが、「売上原価」

とすることもあります。

## 問題2 自社利用のソフトウェア　　　重要度 A

次の資料にもとづき、×1期と×3期のソフトウェアの償却に関する仕訳を示しなさい。

[資　料]
1. ×1期期首に資産計上した自社利用のソフトウェアは5,000円である。
2. 計上時における見込利用可能期間は5年であり、合理的な見積りにもとづくものである。償却方法は、定額法による。
3. ×3期期首において、期首からの残存利用可能期間が2年であることが判明した。

➤ ポイント

当期首に耐用年数の見積りを変更した場合、簿価を残存耐用年数で割って償却費を計算します。

また、期中取得した場合、月割償却します。

仕 訳

(1) ×1期

(借) ソフトウェア償却　　1,000 $^{01)}$ (貸) ソフトウェア　　1,000

01) 償却額：$5,000 円 \times \dfrac{1 年}{5 年} = 1,000 円$

(2) ×3期

(借) ソフトウェア償却　　1,500 $^{02)}$ (貸) ソフトウェア　　1,500

02) ×3期期首の未償却残高：$5,000 円 - 1,000 円 \times 2 年 = 3,000 円$

償却額：$3,000 円 \times \dfrac{1 年}{2 年} = 1,500 円$

| 問題3 | 繰延資産の償却 | 重要度 A |

次の資料にもとづき、決算（×3年3月31日）における仕訳を示しなさい。

1. 決算整理前残高試算表

決算整理前残高試算表
×3年3月31日　　　（単位：円）

| 株 式 交 付 費 | 10,000 |

2. 決算整理事項

株式交付費は、×1年4月1日に支出したものである。繰延資産は規定の最長期間にわたって償却する。前期までの処理は適正に行われている。

▶ポイント

① 原則、費用処理

② 容認、繰延資産として計上

償却額＝

$支出額 × \dfrac{当期の月数}{償却期間}$　または　$未償却残高 × \dfrac{当期の月数}{償却期間－償却済月数}$

問題文に当初の支出額が与えられ最長期間で割って計算する場合と、未償却残高を残存期間で割って計算する場合があります。

仕訳

（借）株式交付費償却　5,000 [01]（貸）株 式 交 付 費　5,000

01) $10,000 円 × \dfrac{12 カ月}{36 カ月 - 12 カ月} = 5,000 円$

| 種　　類 | 償 却 年 数 | 償 却 の 表 示 場 所 |
|---|---|---|
| 創 立 費 ※ | 5年以内に償却 | 営 業 外 費 用 |
| 開 業 費 ※ | | |
| 株式交付費 ※ | 3年以内に償却 | |
| 社債発行費 ※ | 社債の償却期間内に償却 | |
| 開 発 費 ※ | 5年以内に償却 | 販売費及び一般管理費<br>または売上原価 |

※　3文字→5年、5文字→3年
繰延資産の償却は、残存価額ゼロ、定額法、直接法によります。

## 問題1　工事収益の計算　　　　　　　　　重要度 A

　以下の資料にもとづき、次のそれぞれの場合の各期の工事収益、工事原価および工事利益を示しなさい。

(1) 請負工事について一定期間にわたり充足される履行義務と判断し、進捗度を合理的に見積ることができるため、一定期間にわたり原価比例法により収益を認識する場合。

(2) 請負工事について一定期間にわたり充足される履行義務と判断したが、進捗度を合理的に見積ることができなかったため、原価回収基準により収益を認識する場合。なお、原価発生額は全額回収できる。

[資料]

1. 工事収益総額 20,000 円

2. 請負時の見積工事原価総額 8,000 円

3. 工事原価実際発生額
　　第 1 期 2,000 円　第 2 期 6,000 円　第 3 期 2,000 円

4. 第 2 期期首に、見積工事原価総額を 10,000 円に修正した。なお、工事の完成・引渡しは第 3 期末に行われた。

► ポイント

　工事収益については、34章にある「収益認識に関する会計基準」が適用されます。工事契約については基本的に一定期間にわたり履行義務[01]を充足するため、一定期間にわたり収益を認識します。

　一定期間にわたり充足される履行義務については、履行義務の充足に係る**進捗度を見積り、その進捗度にもとづき収益を認識**します。

　　01) 履行義務とは商品やサービスの提供義務であり、工事契約では工事を完成させ相手方に引き渡す義務です。

　一方、**進捗度を合理的に見積ることができない**が、履行義務を充足する際に**発生する費用を回収することが見込まれる場合**には、進捗度を合理的に見積ることができるまで**原価回収基準**により処理します。

原価比例法

工事収益 ＝

$$\text{工事収益総額} \times \frac{\text{当期末までの実際発生原価累計額}}{\text{見積工事原価総額}} - \text{過年度工事収益累計額}$$

**金 額** ▶

(1) **原価比例法**

|  | 第1期 | 第2期 | 第3期 |
|---|---|---|---|
| 工事収益 | 5,000 円 | 11,000 円 | 4,000 円 |
| 工事原価 | 2,000 円 | 6,000 円 | 2,000 円 |
| 工事利益 | 3,000 円 | 5,000 円 | 2,000 円 |

第1期

工事収益：$20,000 \text{円} \times \dfrac{2,000 \text{円}}{8,000 \text{円}} = 5,000 \text{円}$

工事利益：$5,000 \text{円} - 2,000 \text{円} = 3,000 \text{円}$

第2期

工事収益：$20,000 \text{円} \times \dfrac{2,000 \text{円} + 6,000 \text{円}}{10,000 \text{円}^{\,01)}} - 5,000 \text{円} = 11,000 \text{円}$

01) 修正後の金額です。

工事利益：$11,000 \text{円} - 6,000 \text{円} = 5,000 \text{円}$

第3期

工事収益：$20,000 \text{円} - 5,000 \text{円} - 11,000 \text{円} = 4,000 \text{円}$

工事利益：$4,000 \text{円} - 2,000 \text{円} = 2,000 \text{円}$

(2) **原価回収基準**

原価回収基準とは、履行義務を充足する際に発生する費用のうち、回収することが見込まれる費用の金額で収益を認識する方法をいいます。

|  | 第1期 | 第2期 | 第3期 |
|---|---|---|---|
| 工事収益 | 2,000 円 | 6,000 円 | 12,000 円[02] |
| 工事原価 | 2,000 円 | 6,000 円 | 2,000 円 |
| 工事利益 | 0 円 | 0 円 | 10,000 円 |

02) 本問では工事を完成・引渡した期に残りの工事収益を計上します。

$20,000 \text{円} - 2,000 \text{円} - 6,000 \text{円} = 12,000 \text{円}$

| 問題 1 | 外貨建取引の換算 | 重要度 A |

以下の取引の仕訳を示しなさい。

(1) 取引時
商品 10 ドルを掛けで輸入した（1 ドル 100 円）。
(2) 決算時
買掛金 10 ドルがある（1 ドル 105 円）。
(3) 決済時
買掛金 10 ドルを現金で決済した（1 ドル 103 円）。

## ➤ ポイント

決算時の換算替え
① 資産の換算
資産の増加 → 為替差益　　資産の減少 → 為替差損
② 負債の換算
負債の増加 → 為替差損　　負債の減少 → 為替差益

資産が増加した場合は為替差益となり、負債が増加した場合は為替差損となり、資産と負債では逆になります。

為替差損と為替差益は、P／L上、相殺し純額で営業外費用（営業外収益）の区分に表示します。

## 仕 訳

(1) 取引時

（借）仕　　　　入　1,000　（貸）買　　掛　　金　1,000

(2) 決算時

（借）為 替 差 損 益　50　（貸）買　　掛　　金　50 [01]

01)（105 円 − 100 円）× 10 ドル = 50 円（負債の増加→差損）

(3) 決済時

（借）買　掛　金　1,050　（貸）現　　　　金　1,030
　　　　　　　　　　　　　　　為 替 差 損 益　20

## 問題2 外貨建売買目的有価証券　　　　　重要度 A

当期における下記の資料にもとづき、決算整理仕訳を示しなさい。

[資　料]

| 銘　　　　　柄 | 取 得 原 価 | 取得時レート | 時　　　　価 | 保 有 目 的 |
|---|---|---|---|---|
| Ａ社株式 | ３ドル | 110円 | ４ドル | 売買目的 |

・　決算時の為替レートは１ドル100円である。
・　売買目的有価証券は当期に取得している。
・　評価差額は有価証券評価損益を用いること。

► **ポイント**

外貨建売買目的有価証券

評価差額：有価証券評価損益（または運用損益）で処理

売買目的の場合、評価差額を時価の変動部分と為替の変動部分に分けて把握する必要性が低いため、まとめて有価証券評価損益とします。

**仕 訳** ▸

（借）売買目的有価証券　　　　70　　（貸）有価証券評価損益　　　　70

ＣＲ：決算時の為替レート

ＨＲ：取得時の為替レート

**外貨建満期保有目的債券（定額法）** 　重要度 A

当期（×3年3月31日に終了する1年間）における下記の資料にもとづき、決算整理仕訳を示しなさい。

[資　料]

| 銘　　　　柄 | 取得原価 | 取得時レート | 時　　　価 | 保有目的 |
|---|---|---|---|---|
| B社社債 | 7ドル | 100円 | 7.5ドル | 満期保有 |

- 決算時の為替レートは1ドル110円である。
- 当期の期中平均為替レートは1ドル105円である。
- 当社は×2年4月1日に額面金額10ドルを7ドルで取得しており、B社社債の償還期限は×5年3月31日である。なお、額面金額と取得価額との差額は金利の調整と認められるため、償却原価法（定額法）を適用する。

➤ **ポイント**

外貨建満期保有目的債券

$$外貨建償却額 = （額面ドル - 原価ドル） \times \frac{当期の所有月数}{取得日から満期日までの月数}$$

円貨建償却額 ＝ 外貨建償却額 × 期中平均レート

為替差損益 ＝ 償却原価 × 決算時レート - （取得原価 + 円貨建償却額）

償却額は、会計期間を通じて平均的に発生したと考えるため、期中平均レートを用います。

**仕訳**

| | | | | |
|---|---|---|---|---|
| (借) 満期保有目的債券 | 105 | (貸) 有 価 証 券 利 息 | 105 |
| (借) 満期保有目的債券 | 75 | (貸) 為 替 差 損 益 | 75 |

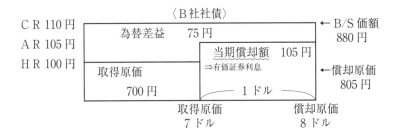

(1) 外貨建償却額

$$(10 \text{ドル} - 7 \text{ドル}) \times \frac{12 \text{カ月}}{36 \text{カ月}} = 1 \text{ドル}$$

(2) 円建償却額 (有価証券利息)

$$1 \text{ドル} \times AR105 \text{円} = 105 \text{円}$$

(3) 為替差損益

$$8 \text{ドル} \times CR110 \text{円} - (700 \text{円} + 105 \text{円}) = 75 \text{円} (差益)$$

---

**研究** ▶ 満期保有目的債券の「為替差損益」は、どうして「評価損益」ではないのか。

　上記の75円の為替差益は「どうして評価益ではないのだろうか」と考えた方は、おられないでしょうか。元来、取得原価で評価される『満期保有目的債券』ですから、評価損益が計上されるものではありません。

　しかし、満期保有目的債券は金銭債権と似ているので、為替レートの変動による「換算」が必要になるのです。ですから、ここは評価益ではなく、**為替差益**となるのです。

　　次の決算整理事項により、決算整理仕訳を示しなさい。なお、決算時の為替相場は1ドル＝110円である。

〔決算整理事項〕
(1)　子会社株式5,000円は、期中に取得したA社株式（取得原価50ドル、取得時の為替相場は1ドル100円）である。決算時の時価は20ドル、回復可能性は不明である。

(2)　関連会社株式3,000円は、期中にB社株式3株（取得原価30ドル、取得時の為替相場は1ドル100円、市場価格なし）を取得したさいに計上したものである。

　　期末におけるB社の財政状態は次のとおりであり、実価法を適用する。なお、B社の発行済株式総数は10株である。

| B社 | 貸借対照表 | | (単位：ドル) |
|---|---|---|---|
| 諸　資　産 | 300 | 諸　負　債 | 260 |
| | | 資　本　金 | 100 |
| | | 繰越利益剰余金 | △60 |
| | 300 | | 300 |

➤ **ポイント**

外貨建有価証券の減損処理*

評価損＝外貨建時価×決算時レート－取得原価×取得時レート
　　　　（実質価額）

　*売買目的有価証券を除く。

　実価法では、実質価額に会社の財政状態と関係のない為替の影響を加味するのは妥当でないことから、著しい下落の判定は外貨ベースで行います。

　同様に、時価の著しい下落の判定も、外貨ベースで行います。

　外貨ベースで50％以上下落していれば、円ベースで50％以上下落していなくても評価損を計上します。

**仕訳** ▶

(1)　A社株式

　(借) 子会社株式評価損 [02] 2,800 [01] (貸) 子 会 社 株 式　2,800

　01) 20 ドル ≦ 50 ドル × 50％…著しい下落

　　　20 ドル × 110 円 － 5,000 円 ＝ △ 2,800 円

　02) P/L 上、関係会社株式評価損とします。

(2)　B社株式

　(借) 関連会社株式評価損 [02] 1,680 [03] (貸) 関 連 会 社 株 式　1,680

　03) 12 ドル ≦ 30 ドル × 50％…著しい低下

　　　(300 ドル － 260 ドル) × 3 株 /10 株 ＝ 12 ドル（実質価額）

　　　12 ドル × 110 円 － 3,000 円 ＝ △ 1,680 円

次の資料により、決算整理仕訳を示しなさい。税効果は無視する。

[資料1]

<u>決算整理前残高試算表</u>　　　（単位：円）

その他有価証券　2,000 |

[資料2] 決算整理事項

その他有価証券はいずれも当期に取得したものであり、全部純資産直入法を採用している。

| 銘　　　柄 | 取 得 原 価 | 取得時レート | 期 末 時 価 | 決算時レート |
|---|---|---|---|---|
| A 社株式 | 8 ドル | 1 ドル 100 円 | 10 ドル | 1 ドル 110 円 |
| B 社株式 | 10 ドル | 1 ドル 120 円 | 9 ドル | |

▶ポイント

外貨建その他有価証券の処理

その他有価証券評価差額金

　　＝外貨建時価×決算時レート－取得原価×取得時レート

その他有価証券も、売買目的有価証券と同様に、時価の変動部分と為替の変動部分を、まとめてその他有価証券評価差額金として処理します。

**仕訳**

(1) A社株式

（借）その他有価証券 　　300　　（貸）その他有価証券評価差額金　　300 [01]

01) 10ドル×110円 − 8ドル×100円 = 300円

(2) B社株式

（借）その他有価証券評価差額金　　210 [02]（貸）その他有価証券　　210

02) 9ドル×110円 − 10ドル×120円 = △210円

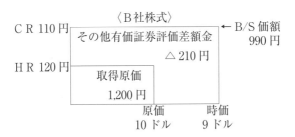

**為替予約（振当処理）** 重要度 A

次の為替予約の取引について振当処理を採用した場合の仕訳を示しなさい。決算日は3月31日である。

(1) ×2年2月1日に商品10ドルを輸出し、代金は掛けとした。輸出時の為替レートは1ドル100円である。なお、掛代金の決済日は×2年5月31日である。

(2) ×2年3月1日に売掛金10ドルにつき為替予約を付した。予約日の為替レートは1ドル102円であり、予約レートは1ドル105円である。

(3) ×2年3月31日決算。決算時における為替レートは1ドル103円である。

➤ポイント

為替予約（取引発生後）
(1) 直々差額＝（予約時レート－取引時レート）×外貨額
　　　　　　→為替差損益とする
(2) 直先差額＝（予約レート－予約時レート）×外貨額
　① いったん前払費用（前受収益）とする
　② 当期分を為替差損益に振り替える

当期分＝直先差額× $\dfrac{予約日から当期末までの月数}{予約日から決済日までの月数}$

**仕訳** ▶

タイムテーブル

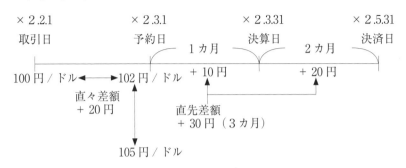

(1) 取引発生時

| （借）売　掛　金 | 1,000 | （貸）売　　　　上 | 1,000 |
|---|---|---|---|

(2) 為替予約時

 イ　取引時レートと予約日のレートとの差額（直々差額）

  →当期の損益

  （102 円 − 100 円）× 10 ドル = 20 円

 ロ　予約日のレートと予約レートとの差額（直先差額）

  →当期と翌期に配分

  （105 円 − 102 円）× 10 ドル = 30 円（前受収益）

| （借）売　掛　金 | 50 | （貸）為 替 差 損 益 | 20 |
|---|---|---|---|
|  |  | 前 受 収 益 | 30 |

(3) 決算時

| （借）前 受 収 益 | 10 | （貸）為 替 差 損 益 | 10 [01] |
|---|---|---|---|

01) $30 円 \times \dfrac{1 \, カ月}{3 \, カ月} = 10 円$

## 13章 税効果会計（個別）

| 問題1 | 税効果会計（貸倒引当金） | 重要度 A |
| --- | --- | --- |

次の資料にもとづいて、税効果会計の仕訳を示しなさい。法定実効税率は 30%である。

(1) 売掛金に対して 1,000 円の貸倒引当金を計上したが、税務上は損金算入が認められなかった。

(2) 翌期になり売掛金が貸倒れたため、税務上、前期に計上した貸倒引当金繰入 1,000 円が損金に算入された。

### ➤ ポイント

税効果会計

　会計上、費用を計上したが、税務上、損金不算入

　→税務上の課税所得が高くなる

　→会計上、あるべき税金より税金が高くなる

　→税金の前払い→繰延税金資産

　将来減算一時差異とは、一時差異が発生した時に課税所得の計算上、加算調整され、将来、一時差異が解消した時に課税所得の計算上、減算調整されるものをいいます。

### 仕訳

(1) 当期

| （借）繰延税金資産 | 300 [01] | （貸）法人税等調整額 | 300 |
| --- | --- | --- | --- |

01) 1,000 円 × 30% = 300 円

(2) 翌期

| （借）法人税等調整額 | 300 | （貸）繰延税金資産 | 300 |
| --- | --- | --- | --- |

## 問題2 税効果会計（減価償却）　　重要度 A

　次の資料にもとづいて、×1期〜×3期の税効果会計の仕訳を示しなさい。法人税等の法定実効税率は30％である。

(1)　×1期の期首に機械を取得し、期末に減価償却費1,500円を計上した。税務上の損金算入限度額は1,200円である。

(2)　×2期の期末に減価償却費1,500円を計上した。

(3)　×3期の期首に機械を売却したため、償却限度超過額600円が損金に算入された。

## ▶ ポイント

　税効果会計の問題では、その期に発生した一時差異と、期末時点の一時差異の累計を混同しないようにしましょう。本問の(2)では、その期に発生した差異は300円であり、期末時点の一時差異は600円となります。

## 仕訳 ▸

(1)　×1期

（借）繰 延 税 金 資 産　　　90 [01]（貸）法人税等調整額　　　90

01)（1,500円 − 1,200円）× 30％ = 90円

(2)　×2期

（借）繰 延 税 金 資 産　　　90　（貸）法人税等調整額　　　90

(3)　×3期

（借）法人税等調整額　　　180 [02]（貸）繰 延 税 金 資 産　　　180

02)　600円 × 30％ = 180円　または90円 + 90円 = 180円

| 問題 1 | 現金預金 | 重要度 A |
|---|---|---|

×8年3月31日の決算整理仕訳を示しなさい。

(1) 決算にあたり、現金出納帳を調べたところ、得意先から受取った×8年4月10日付けの小切手1,000円が現金勘定で処理されていた。

(2) 当社はA銀行と当座借越契約を締結している。決算にあたり、A銀行の当座預金残高は2,000円の貸方残高であり、当座借越勘定で処理している。

(3) ×7年4月1日にA銀行に定期預金として3,000円（満期日：×10年3月31日）を預け入れた。当社では定期預金勘定で処理している。

(4) ×7年4月1日に保険料3年分3,600円をまとめて支払い、支払保険料で処理している。決算にあたり、費用の繰延べを行う。

➤ ポイント

先日付小切手：受取手形で処理　当座借越：短期借入金に振替え

定期預金・前払費用：

　翌期中に期限到来　　→流動資産（現金預金・前払費用）

　翌々期以降に期限到来→固定資産（長期定期預金・長期前払費用）

仕訳 ►

(1) 先日付小切手

（借）受 取 手 形　1,000　（貸）現　　　　　金　1,000

(2) 当座借越

（借）当 座 借 越　2,000　（貸）短 期 借 入 金　2,000

(3) 長期定期預金

（借）長 期 定 期 預 金　3,000　（貸）定 期 預 金　3,000

(4) 長期前払費用

（借）前 払 費 用　1,200 [01]　（貸）支 払 保 険 料　2,400
　　　長 期 前 払 費 用　1,200 [02]

01) $3,600 円 \times \dfrac{12 \, \text{カ月}}{36 \, \text{カ月}} = 1,200 円$　　　02) $3,600 円 \times \dfrac{12 \, \text{カ月}}{36 \, \text{カ月}} = 1,200 円$

## 問題1　保証債務　　　　　　　　　　　　重要度 A

次の取引の仕訳を示しなさい。

(1) C社から受け取っていた約束手形 10,000 円をD銀行で割引き、手取金を当座預金に預け入れた。なお、割引料は 200 円、保証債務の時価は手形額面金額の 1 %である。

(2) 上記手形が満期日に決済された。

### ▶ ポイント

割引・裏書時：支払人が支払えなかった場合、当社が支払う義務
　　　　→保証債務の発生
手形決済時：支払人が支払ったことにより支払う義務がなくなる
　　　　→保証債務の消滅

手許にある債権の貸倒れに備え貸倒引当金を計上し、手許にない債権の貸倒れ(支払義務)に備え保証債務を計上するとイメージしましょう。そのため、貸倒引当金の設定率と同じ率を用いて保証債務を計上することが多いです。

### 仕訳 ▶

(1) 手形割引時

(借) 当 座 預 金　9,800 ⁰¹⁾ (貸) 受 取 手 形　10,000
　　手 形 売 却 損 ⁰³⁾　200
(借) 保 証 債 務 費 用 ⁰³⁾　100 ⁰²⁾ (貸) 保 証 債 務　100

01) 10,000 円 − 200 円 = 9,800 円　　02) 10,000 円 × 1 % = 100 円

03) 手形の売却により新たに生じた資産（当座預金）から負債（保証債務）を引いた額を正味の売却価額と考え、売却価額と帳簿価額との差額を手形売却損とすることもあります。重要度C債権譲渡の問題も参照。

(借) 当 座 預 金　9,800　(貸) 受 取 手 形　10,000
　　手 形 売 却 損　300　　　保 証 債 務　100

(2) 手形決済時

(借) 保 証 債 務　100　(貸) 保証債務取崩益　100

次の取引について、A社及びB社の仕訳を示しなさい。

(1) A社のB社に対する売掛金6,000円について、電子記録債権（債務）の発生記録が行われた。

(2) A社は、譲渡記録により電子記録債権2,000円をC社に1,900円で譲渡し、代金は当座預金とした。

(3) A社は、譲渡記録により電子記録債権2,000円をD社に買掛金2,000円と引換えに譲渡した。

(4) 電子記録債務につき、B社の当座預金口座から、各社の当座預金口座にA社2,000円、C社2,000円、D社2,000円の払込みによる支払いが行われた。

## ➤ ポイント

電子記録債権と受取手形の比較

電子記録債権の発生 ◄─────► 売掛金の手形決済

電子記録債権の譲渡 ◄─────► 手形の裏書・割引

電子記録債権の消滅 ◄─────► 手形代金の受取り

仕訳

## A社

(1) 発生記録

(借) 電 子 記 録 債 権　6,000　(貸) 売　　掛　　金　6,000

(2) 譲渡記録（対C社）

(借) 当　座　預　金　1,900　(貸) 電 子 記 録 債 権　2,000

　　電子記録債権売却損　　100

(3) 譲渡記録（対D社）

(借) 買　　掛　　金　2,000　(貸) 電 子 記 録 債 権　2,000

(4) 決済

(借) 当　座　預　金　2,000　(貸) 電 子 記 録 債 権　2,000

## B社

(1) 発生記録

(借) 買　　掛　　金　6,000　(貸) 電 子 記 録 債 務　6,000

(2) 譲渡記録

仕　訳　な　し

(3) 譲渡記録

仕　訳　な　し

(4) 決済

(借) 電 子 記 録 債 務　6,000　(貸) 当　座　預　金　6,000

## 問題1 商品の評価 重要度 A

以下の資料にもとづき、損益計算書および貸借対照表を完成させなさい。

[資料1] 決算整理前残高試算表（一部）

決算整理前残高試算表 （単位：円）

| 繰 越 商 品 | 1,200 | 売 | 上 | 15,000 |
|---|---|---|---|---|
| 仕 入 | 10,000 | | | |

[資料2] 決算整理事項等

1. 期末商品データ

| 取 得 原 価 | 帳簿棚卸数量 | 実地棚卸数量 | 時 価 | 見積販売経費 |
|---|---|---|---|---|
| @ 100 円 | 10 個 | 9 個 | @ 120 円 | @ 40 円 |

棚卸減耗損は販売費として計上する。商品評価損の処理について、切放法を採用している。

▶ ポイント

商品の評価

棚卸減耗損＝原価×（帳簿数量－実地数量）

商品評価損＝（原価－正味売却価額*）×実地数量

＊正味売却価額＝売価－見積販売直接経費

正味売却価額が簿価を下回っているのは原価割れを起こしている状態です。商品評価損は、減損損失と同様に、将来に損失を繰り延べないために行う簿価の減額です。

商品評価損は、問題文に指示が無くても、売上原価とします。

[収益性の低下による損失の繰延べを防ぐ処理]

・ 商品評価損

・ 固定資産の減損損失（5章）

・ ソフトウェアの減損処理（37章）

・ 工事損失引当金（37章）

## 損益計算書

| 損　益　計　算　書 | | （単位：円） |
|---|---|---|
| Ⅰ　売　　上　　高 | | （　15,000　） |
| Ⅱ　売　上　原　価 | | |
| 　1．期首商品棚卸高 | （　1,200　） | |
| 　2．当期商品仕入高 | （　10,000　） | |
| 　　　合　　　計 | （　11,200　） | |
| 　3．期末商品棚卸高 | （　1,000　） | |
| 　　　差　　引 | （　10,200　） | |
| 　4．商品評価損 | （　180　） | （　10,380　） |
| 　　売上総利益 | | （　4,620　） |
| Ⅲ　販売費及び一般管理費 | | |
| 　1．棚卸減耗損 | | （　100　） |
| 　　営　業　利　益 | | （　4,520　） |

| 貸　借　対　照　表 | （単位：円） |
|---|---|

| 1　流動資産 | |
|---|---|
| 商　　品 | （　720　） |

```
100円
          ┌──────────┬──────┐
          │商品評価損 │棚    │
          │   180円   │卸減  │
 80円     ├──────────┤耗損  │
          │ B/S商品   │      │
          │   720円   │100円 │
          └──────────┴──────┘
              9個    10個
```

| （借）仕　　　入 | 1,200 | （貸）繰　越　商　品 | 1,200 |
|---|---|---|---|
| （借）繰　越　商　品 | 1,000 01) | （貸）仕　　　入 | 1,000 |
| （借）棚　卸　減　耗　損 | 100 02) | （貸）繰　越　商　品 | 280 |
| 　　　商　品　評　価　損 | 180 03) | | |
| （借）仕　　　入 | 180 | （貸）商　品　評　価　損 | 180 |

01) 期末商品棚卸高：@100円×10個＝1,000円

02) 棚卸減耗損：@100円×（10個－9個）＝100円

03) 商品評価損：取得原価@100円＞正味売却価額@80円（＝@120円－@40円）
　　　　　　∴計上する
　　　　　（@100円－@80円）×9個＝180円

## 問題2 | 売価還元原価法 | 重要度 A

次の資料にもとづいて、売価還元法による損益計算書を示しなさい。
なお、棚卸減耗損は売上原価に算入する。

| | 原 価 | 売 価 |
|---|---|---|
| 期首商品 | 500 円 | 550 円 |
| 当期仕入 | 2,500 円 | 3,250 円（原始値入額 750 円） |
| 純値上額 | — | 200 円 |
| 純値下額 | — | 250 円 |
| 期末商品帳簿棚卸高 | — | 800 円 |
| 期末商品実地棚卸高 | — | 700 円 |
| 売上高 | — | 2,950 円 |

・ 期末商品実地棚卸高の正味売却価額は 500 円であった。

## ▶ポイント

売価還元原価法

$$原価率 = \frac{期首商品原価 + 当期仕入原価}{期首商品売価 + 当期仕入原価 + 原始値入額 + 純値上額 - 純値下額}$$

期末商品原価 = 期末商品売価 × 原価率

## 仕 訳 ▶

① ボックス図

| 売 価 | | | 原 価 | | | 売 価 | |
|---|---|---|---|---|---|---|---|
| 期 首 | 550 円 | 期首 | 500 円 | 売上原価 | | 売上 | 2,950 円 |
| 仕 入 | 2,500 円 | | | | 2,360 円 | | |
| 値入額 | 750 円 | 仕入 | 2,500 円 | | | | |
| | | | | 期末 | | 期末帳簿売価 800 円 |
| 純値上額 | 200 円 | | | | 01) | （差額） |
| 純値下額 | - 250 円 | | | | 640 円 | |
| 売価合計 | 3,750 円 | 原価合計 | 3,000 円 | | | 売価合計 | 3,750 円 |

売価還元法の原価率：0.8

01) 800 円 × 0.8 = 640 円

74

原価率 0.8

| 商品評価損　60円 [03] | 棚卸減耗損 | → P/L 期末商品<br>棚卸高<br>640 円 |
|---|---|---|
| B/S・商品<br>500 円 | 80 円 [02] | |

実地売価　　帳簿売価
700 円　　　800 円

02)（800 円 − 700 円）× 0.8 = 80 円

03) 560 円 − 500 円 = 60 円

| (借)仕　　　　　入 | 500 | (貸)繰　越　商　品 | 500 |
|---|---|---|---|
| (借)繰　越　商　品 | 640 | (貸)仕　　　　　入 | 640 |
| (借)棚　卸　減　耗　損 | 80 | (貸)繰　越　商　品 | 140 |
| 　　商　品　評　価　損 | 60 | | |
| (借)仕　　　　　入 | 140 | (貸)棚　卸　減　耗　損 | 80 |
| | | 　　商　品　評　価　損 | 60 |

② 損益計算書

損　益　計　算　書　　　　（単位：円）

| I 売　　上　　高 | | ( 2,950 ) |
|---|---|---|
| II 売　上　原　価 | | |
| 　1．期首商品棚卸高 | ( 500 ) | |
| 　2．当期商品仕入高 | ( 2,500 ) | |
| 　　　合　　　　計 | ( 3,000 ) | |
| 　3．期末商品棚卸高 | ( 640 ) | |
| 　　　差　　　引 | ( 2,360 ) | |
| 　4．棚　卸　減　耗　損 | ( 80 ) | |
| 　5．商　品　評　価　損 | ( 60 ) | ( 2,500 ) |
| 　　　売上総利益 | | ( 450 ) |

　次の資料にもとづいて、売価還元低価法による損益計算書を示しなさい。なお、棚卸減耗損は売上原価に算入する。

| | 原　価 | 売　価 |
|---|---|---|
| 期首商品 | 500 円 | 550 円 |
| 当期仕入 | 2,500 円 | 3,250 円（原始値入額 750 円） |
| 純値上額 | ― | 200 円 |
| 純値下額 | ― | 250 円 |
| 期末商品帳簿棚卸高 | ― | ？ |
| 期末商品実地棚卸高 | ― | 700 円 |
| 売上高 | ― | 2,950 円 |

## ➤ポイント

売価還元低価法

$$低価法原価率 = \frac{期首商品原価 + 当期仕入原価}{期首商品売価 + 当期仕入原価 + 原始値入額 + 純値上額}$$

1　売価還元低価法では値下額を引かないことにより分母が大きくなり、結果として小さくなった低価法原価率を用いて、商品を評価します。

2　値下げは商品の値札の価格を下げることであり、商品の価値の低下だけでなく販売を促すために行うこともあります。

　そのため、低価法原価率が、収益性の低下と一致するわけではありませんが、多くの商品の正味売却価額を計算する実務上の負担を考慮して、簡便法として認められています。

## 仕訳

| | | | | | |
|---|---|---|---|---|---|
| （借）仕　　　　　　　入 | 500 | （貸）繰　越　商　品 | 500 |
| （借）繰　越　商　品 | 640 | （貸）仕　　　　　　　入 | 640 |
| （借）棚　卸　減　耗　損 | 80 | （貸）繰　越　商　品 | 115 |
| 　　　商　品　評　価　損 | 35 | | |
| （借）仕　　　　　　　入 | 115 | （貸）棚　卸　減　耗　損 | 80 |
| | | 　　　商　品　評　価　損 | 35 |

① ボックス図

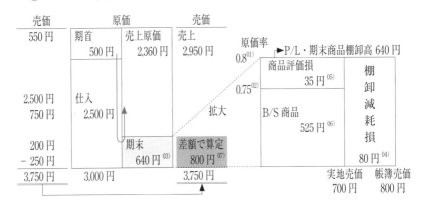

01) $\dfrac{500\,円 + 2{,}500\,円}{550\,円 + 3{,}250\,円 + 200\,円 - 250\,円} = \dfrac{3{,}000\,円}{3{,}750\,円} = 0.8$

02) $\dfrac{500\,円 + 2{,}500\,円}{550\,円 + 3{,}250\,円 + 200\,円} = \dfrac{3{,}000\,円}{4{,}000\,円} = 0.75$

03) $800\,円 \times 0.8 = 640\,円$

04) $(800\,円 - 700\,円) \times 0.8 = 80\,円$

05) $(0.8 - 0.75) \times 700\,円 = 35\,円$

06) $700\,円 \times 0.75 = 525\,円$

07) 差額で算定。

② 損益計算書

<table>
<tr><td colspan="2">損　益　計　算　書</td><td>（単位：円）</td></tr>
<tr><td>Ⅰ　売　　上　　高</td><td></td><td>（　　2,950　）</td></tr>
<tr><td>Ⅱ　売　上　原　価</td><td></td><td></td></tr>
<tr><td>1．期首商品棚卸高</td><td>（　　500　）</td><td></td></tr>
<tr><td>2．当期商品仕入高</td><td>（　　2,500　）</td><td></td></tr>
<tr><td>合　　計</td><td>（　　3,000　）</td><td></td></tr>
<tr><td>3．期末商品棚卸高</td><td>（　　640　）</td><td></td></tr>
<tr><td>差　　引</td><td>（　　2,360　）</td><td></td></tr>
<tr><td>4．棚　卸　減　耗　損</td><td>（　　80　）</td><td></td></tr>
<tr><td>5．商　品　評　価　損</td><td>（　　35　）</td><td>（　　2,475　）</td></tr>
<tr><td>売　上　総　利　益</td><td></td><td>（　　475　）</td></tr>
</table>

| | | 売上原価の内訳項目 | 販売費 | 営業外費用 | 特別損失 |
|---|---|---|---|---|---|
| 棚卸減耗損 | 原価性あり [01] | ○ | ○ | ー | ー |
| | 原価性なし [01] | ー | ー | ○ | ○ |
| 商　品　評　価　損 | | 原則 | ー | ー | 例外 [02] |

01)　原価性がある場合：商品を販売する上でどうしても発生しまうもの、経常的に発生（毎期発生）する正常なもの

　　　原価性がない場合：異常な原因により発生するもの

02)　収益性の低下が、臨時の事象に起因し、かつ、多額であるときには、特別損失に計上します。臨時の事象とは、重要な事業部門の廃止や災害損失の発生などをいいます。

---

**研究　▷　どうして商品評価損は、原則、売上原価なのか**

　例えば、当社の商品がガソリンで、120円で買ったガソリンの時価が期末に100円になった場合の20円の損失（商品評価損）は当社の努力ではどうにもならない損失です。つまり、売上を上げるために商品を在庫する以上避けられない費用なので売上原価に算入します。

| 問題 1 | 資本連結 | 重要度 A |

P社は×1年3月31日にS社発行済株式の70%を7,200円で取得し、支配した。そのときのS社の貸借対照表は次のとおりである。資産・負債の評価替えの仕訳と資本連結の仕訳を示しなさい。税効果は適用しない。

貸借対照表

| S社 | | ×1年3月31日 | (単位：円) |
|---|---|---|---|
| 諸　資　産 | 20,000 | 諸　負　債 | 10,300 |
| | | 資　本　金 | 5,000 |
| | | 利益剰余金 | 4,700 |
| | 20,000 | | 20,000 |

・ ×1年3月31日におけるS社の諸資産の時価は20,300円である。

➤ ポイント

資本連結

のれん＝子会社株式の取得原価－子会社資本×親会社持分割合
（評価差額含む）

非支配株主持分＝子会社資本×(1－親会社持分割合)
（評価差額含む）

支配獲得時に子会社がその他有価証券評価差額金を計上している場合も、親会社の投資と相殺します。そして、支配獲得後のその他有価証券評価差額金の増減額のうち非支配株主分は非支配株主に配分します。

仕訳

(1) 資産の評価替え

（借）諸　資　産　300　　（貸）評　価　差　額　300

(2) 投資と資本の相殺消去

（借）資　本　金　5,000　　（貸）S　社　株　式　7,200
　　利益剰余金　4,700　　　　非支配株主持分　3,000 [01]
　　評　価　差　額　300
　　の　れ　ん　200 [02]

01）(5,000円＋4,700円＋300円)×30%＝3,000円
02）7,200円－(5,000円＋4,700円＋300円)×70%＝200円（借方）

　P社は×1年3月31日にS社発行済株式の70%を7,200円で取得し、支配した。×1年度の連結財務諸表を作成するために必要な仕訳を示しなさい。税効果は適用しない。

貸 借 対 照 表

| S社 | ×1年3月31日 | | (単位：円) |
|---|---|---|---|
| 諸　資　産 | 20,000 | 諸　負　債 | 10,300 |
| | | 資　本　金 | 5,000 |
| | | 利 益 剰 余 金 | 4,700 |
| | 20,000 | | 20,000 |

(1)　×1年3月31日におけるS社の諸資産に含み益300円がある。資産・負債の評価替えおよび投資と資本の相殺消去にかかる開始仕訳を行う。

(2)　のれんの償却を行う。のれんは発生年度の翌年から20年間の均等償却を行うものとする。

(3)　×1年度におけるS社の当期純利益は2,000円である。

(4)　×1年度におけるS社の剰余金の配当は1,000円である。

➤ポイント

　非支配株主持分とは、子会社の純資産のうち親会社以外の持分をいいます。

　そのため、子会社の当期純利益により子会社の純資産が増加した場合には非支配株主持分を増加させます。

　子会社の剰余金の配当により子会社の純資産が減少した場合には非支配株主持分を減少させます。

　×1年度は×1年から始まる会計期間を意味し、×1年度末は×2年3月31日となります。

**仕 訳** ▶

(1) 資産の評価替え

（借）諸　資　産　　300　（貸）評 価 差 額　　300

(2) 投資と資本の相殺消去

（借）資本金当期首残高　5,000　（貸）S　社　株　式　7,200

　　　利益剰余金当期首残高　4,700　　　　非支配株主持分当期首残高　3,000 [01]

　　　評 価 差 額　　300

　　　の　れ　ん　200 [02]

01）（5,000 円 + 4,700 円 + 300 円）× 30% = 3,000 円

02）7,200 円 −（5,000 円 + 4,700 円 + 300 円）× 70% = 200 円（借方）

(3) のれんの償却

（借）のれん償却額　　10 [03]（貸）の　　れ　　ん　　10

03）200 円 ÷ 20 年 = 10 円

(4) 子会社当期純利益の振替え

（借）非支配株主に帰属する当期純利益　600 [04]（貸）非支配株主持分当期変動額　　600

04）2,000 円 × 30% = 600 円

(5) 剰余金の配当

（借）受 取 配 当 金　700 [05]（貸）剰 余 金 の 配 当　1,000

　　　非支配株主持分当期変動額　300

05）1,000 円 × 70% = 700 円

**貸付金・借入金の相殺** 重要度 A

P社はS社株式の70%を所有し支配している。下記の場合における連結修正仕訳を示しなさい。

・ 当期末にP社はS社に対して短期貸付金1,000円があり、これにより未収利息20円、受取利息60円（未収利息含む）を計上した。P社はこの貸付金に貸倒引当金を設定していない。

➤ ポイント

貸付金・借入金

① 期末の貸付金と借入金を相殺（B／S上の相殺）

② 当期の受取利息と支払利息を相殺（P／L上の相殺）

③ 期末の未収収益と未払費用を相殺（B／S上の相殺）

債権・債務の相殺仕訳は仕訳を覚えるよりも、連結貸借対照表や連結損益計算書に親子会社間の取引に係るものを計上しないという観点から考えるようにしましょう。

仕訳 ▶

| （借）短 期 借 入 金 | 1,000 | （貸）短 期 貸 付 金 | 1,000 |
|---|---|---|---|
| （借）受 取 利 息 | 60 | （貸）支 払 利 息 | 60 |
| （借）未 払 費 用 | 20 | （貸）未 収 収 益 | 20 |

**問題4　売掛金・買掛金の相殺**　　重要度 A

　P社はS社株式の70%を所有し支配している。下記の場合における連結修正仕訳を示しなさい。

(1)　P社はS社に対して売掛金10,000円があり、これに1%の貸倒引当金を設定している。

(2)　S社はP社に対して売掛金10,000円があり、これに1%の貸倒引当金を設定している。なお、貸倒引当金の修正にかかる損益は、非支配株主持分にも負担させる。

➤ポイント

　貸倒引当金修正額（期首分が無い場合）

　　＝期末における連結会社間の売掛金×貸倒引当金設定率

　貸倒引当金の修正については、期首分がある場合はたまにしか出題されないため、まずは期末分の修正仕訳を押さえるようにしましょう。

仕訳 ▶

(1)　ダウン・ストリーム

| (借)買　掛　金 | 10,000 | (貸)売　掛　金 | 10,000 |
| (借)貸倒引当金 | 100 | (貸)貸倒引当金繰入 | 100 [01] |

01) 10,000円×1% = 100円

(2)　アップ・ストリーム

| (借)買　掛　金 | 10,000 | (貸)売　掛　金 | 10,000 |
| (借)貸倒引当金 | 100 | (貸)貸倒引当金繰入 | 100 |
| (借)非支配株主に帰属する当期純利益 | 30 | (貸)非支配株主持分当期変動額 | 30 [02] |

02) 100円×30% = 30円

P社はS社株式の100%を所有し支配している。以下の場合における連結修正仕訳を示しなさい。

(1)　P社はS社に買掛金の支払いのために手形1,000円を振り出した。S社はこの手形を期末現在保有している。なお、S社は売上債権残高に対して2%の貸倒引当金を設定している。

(2)　P社はS社に買掛金の支払いのため手形1,000円を振り出した。S社はこの手形を銀行で割り引き、割引料50円（次期にかかる部分：20円）を差し引かれた。なお、S社は割引時に受取手形を直接減額している。

(3)　P社はS社に買掛金の支払いのため手形1,000円を振り出した。また、S社はこの手形を連結グループ外部の買掛金決済のために裏書した。なお、S社は裏書時に受取手形を直接減額している。

➤ポイント

手形取引

①　期末未決済の受取手形と支払手形→相殺

②　連結グループ外で割引き→短期借入金へ振替え

③　連結グループ外で裏書き→修正仕訳なし

割引時も裏書時も個別上、受取手形を減らしているため、受取手形の修正はありません。

一方、支払手形は残っているため、連結グループ外部に対する手形債務と考えれば、そのまま「仕訳なし」となり、「借入債務」と考えれば、科目の振替えが必要となります。

**仕訳** ▶

(1)　支払手形

|(借)支　払　手　形|1,000|(貸)受　取　手　形|1,000|
|(借)貸 倒 引 当 金|20|(貸)貸倒引当金繰入|20 [01]|

01) 1,000 円 × 2 ％ = 20 円

(2)　割引手形

|(借)支　払　手　形|1,000|(貸)短 期 借 入 金|1,000|
|(借)支　払　利　息|50|(貸)手 形 売 却 損|50|
|(借)前　払　費　用|20|(貸)支　払　利　息|20|

(3)　裏書手形

仕 訳 な し

---

**研究** ▷　**親子会社間の債権について貸倒引当金を設定する必要性**

　親子会社間の債権については、実際には貸倒引当金を設定していないことが多いです。引当金を計上、消去する手間や、貸倒引当金は損金不算入になり繰延税金資産を計上する手間があるからです。

　P社はS社株式の70%を所有し支配している。以下の場合における連結修正仕訳を示しなさい。

(1)　当期にP社は簿価1,000円の土地を1,100円でS社に売却しており、期末現在、S社はこの土地を保有している。

(2)　当期にS社は簿価1,000円の土地を1,100円でP社に売却しており、期末現在、P社はこの土地を保有している。

➤ ポイント

　土地の売買
　　親会社から子会社への売却→売却益の消去
　　子会社から親会社への売却→売却益の消去と非支配株主への負担

仕 訳 ▶

(1)　ダウン・ストリーム

| (借)土 地 売 却 益 | 100 | (貸)土　　　　　地 | 100 |

(2)　アップ・ストリーム

| (借)土 地 売 却 益 | 100 | (貸)土　　　　　地 | 100 |
| (借)非支配株主持分当期変動額 | 30 | (貸)非支配株主に帰属する当期純利益 | 30 [01] |

01) 100円×30% = 30円

## 問題7 備品の売買 重要度 A

　P社はS社株式の70%を所有し支配している。下記の場合における連結修正仕訳を示しなさい。

(1)　当期首にP社はS社に簿価7,000円の備品を8,000円で売却した。S社は期末現在、この備品を保有している。なお、S社は、備品の減価償却を定額法（残存価額ゼロ）により10年間で行っている。

(2)　当期首にS社はP社に簿価7,000円の備品を8,000円で売却した。P社は期末現在、この備品を保有している。なお、P社は、備品の減価償却を定額法（残存価額ゼロ）により10年間で行っている。

### ➤ ポイント

　備品の売買

　　親会社から子会社への売却→売却益の消去、減価償却費の修正

　　子会社から親会社への売却→売却益の消去、減価償却費の修正、

　　　　　　　　　　　　　　　　　　非支配株主への負担

### 仕訳 ▸

(1)　ダウン・ストリーム

| （借）備 品 売 却 益 | 1,000 | （貸）備　　　　　　　品 | 1,000 |
| （借）減 価 償 却 累 計 額 | 100 | （貸）減 価 償 却 費 | 100 [01] |

　01）1,000円 ÷ 10年 = 100円

(2)　アップ・ストリーム

| （借）備 品 売 却 益 | 1,000 | （貸）備　　　　　　　品 | 1,000 |
| （借）減 価 償 却 累 計 額 | 100 | （貸）減 価 償 却 費 | 100 |
| （借）非支配株主持分当期変動額 | 270 | （貸）非支配株主に帰属する当期純利益 | 270 [02] |

　02）（1,000円 − 100円）× 30% = 270円

P社はS社株式の70％を所有し、支配している。下記の場合における連結修正仕訳を示しなさい。

(1)　P社はS社に対して原価率90％で商品を販売している。

(2)　P社はS社に対して、商品20,000円を現金で販売した。

(3)　S社の期末商品のうち1,000円はP社から仕入れたものである。

(4)　S社の期首商品のうち1,000円はP社から仕入れたものである。

## ▶ポイント

未実現利益の金額

　利益率の場合：売価×利益率＝利益　　　　売価を100（％）とした場合

　原価率の場合：売価×（1－原価率）＝利益　　　　〃

　付加率の場合：売価× $\dfrac{付加率}{1＋付加率}$ ＝利益　原価を100（％）とした場合

　ここは細かいことを考え出すときりがないので、まずは仕訳を覚えましょう！語呂合わせとしては、売上原価をC（COST）を読み替え、頭文字から（期首）「り～、し～」、（期末）「し～、しょう」です。

## 仕訳

(1)　売上高と売上原価の相殺消去

（借）売　　上　　高　20,000　（貸）売　上　原　価　20,000

(2)　期末商品

（借）売　上　原　価　　100 01)　（貸）商　　　　　品　　100

01)　1,000円×（1－90％）＝100円

(3)　期首商品

（借）利益剰余金当期首残高　100 02)　（貸）売　上　原　価　　100

02)　1,000円×（1－90％）＝100円

## 問題9　商品の売買（アップ・ストリーム）　重要度 A

　P社はS社株式の70％を所有し、支配している。下記の場合における連結修正仕訳を示しなさい。

(1)　S社はP社に対して原価率90％で商品を販売している。

(2)　S社はP社に対して、商品20,000円を現金で販売した。

(3)　P社の期末商品のうち1,000円はS社から仕入れたものである。

(4)　P社の期首商品のうち1,000円はS社から仕入れたものである。

### ➤ポイント

非支配株主への負担の仕訳もあれこれ考えるより、まず覚えましょう！

長い科目の一部をとり、
（期首）は「ひ(非)、り(利)」「じゅん(純)、へん(変)」○は期首残高
（期末）は「へん(変)、じゅん(純)」です。

### 仕訳 ▶

(1)　売上高と売上原価の相殺消去

（借）売　上　高　20,000　（貸）売 上 原 価　20,000

(2)　期末商品

（借）売 上 原 価　100　（貸）商　　　品　100 [01]
（借）非支配株主持分当期変動額　30　（貸）非支配株主に帰属する当期純利益　30 [02]

01)　1,000円×（1 − 90％）= 100円

02)　100円×30％ = 30円

(3)　期首商品

（借）利益剰余金当期首残高　100 [03]（貸）売 上 原 価　100
（借）非支配株主持分当期首残高　30 [04]（貸）利益剰余金当期首残高　30
（借）非支配株主に帰属する当期純利益　30 [04]（貸）非支配株主持分当期変動額　30

03)　1,000円×（1 − 90％）= 100円

04)　100円×30％ = 30円

| 問題 1 | 持分法 | 重要度 A |

P社は、×1年3月31日にA社の発行済株式の30%を3,200円で取得し、持分法適用会社とした。次の資料にもとづき、当期（×2年3月31日を決算日とする1年）の持分法適用に係る連結修正仕訳を示しなさい。

[資　料]

(1) A社資本（×1年3月31日）
　　資本金 7,000 円　　資本剰余金 2,000 円　　利益剰余金 1,000 円
　　A社の資産・負債の簿価は時価と一致している。
　　のれんは発生年度の翌年から20年で均等償却する。

(2) A社の当期純利益は1,000円である。

(3) A社は、当期に剰余金の配当500円を行った。

➤ ポイント

持分法

のれん＝投資額－（被投資会社の資本×持分割合＋評価差額）

※ 評価差額＝（時価－簿価）×持分割合

仕 訳

(1) のれんの償却

（借）持分法による投資損益　　　10 $^{01)}$（貸）A　社　株　式　　　10

01) のれん：3,200円－（7,000円＋2,000円＋1,000円）×30%＝200円（借方）
　　償却額：200円÷20年＝10円

(2) 当期純利益の振替え

（借）A　社　株　式　　　300 $^{02)}$（貸）持分法による投資損益　　　300

02) 1,000円×30%＝300円

(3) 配当金の修正

（借）受　取　配　当　金　　　150 $^{03)}$（貸）A　社　株　式　　　150

03) 500円×30%＝150円

| 問題2 | 持分法　未実現利益の消去（土地） | 重要度 A |

　P社はA社の発行済株式の30%を取得し、持分法を適用している。以下の取引について、持分法適用に係る連結修正仕訳を示しなさい。

　科目は原則処理による。

(1)　P社はA社に簿価4,000円の土地を5,000円で売却した。期末現在、A社はこの土地を引続き保有している。

(2)　A社はP社に簿価7,000円の土地を8,000円で売却した。期末現在、P社はこの土地を引続き保有している。

▶ポイント

　投資会社の財務諸表のどの科目に未実現利益が含まれているかに着目します。ダウン・ストリームであれば土地売却益に、アップ・ストリームであれば土地に未実現利益が含まれています。

　ただし、持分法であるため、未実現利益のうち持分割合相当額を修正します。

仕訳 ▶

(1)　ダウン・ストリーム

（借）土 地 売 却 益　　300 01)　（貸）A　社　株　式　　300

01)（5,000円 − 4,000円）× 30% = 300円

(2)　アップ・ストリーム

（借）持分法による投資損益　300 02)　（貸）土　　　　　地　　300

02)（8,000円 − 7,000円）× 30% = 300円

※　参考　容認処理の場合

(1)　ダウン・ストリーム

（借）持分法による投資損益　300　　（貸）A　社　株　式　　300

(2)　アップ・ストリーム

（借）持分法による投資損益　300　　（貸）A　社　株　式　　300

## 問題3 持分法　未実現利益の消去（商品）　　重要度 A

　P社はA社の発行済株式の30％を取得し、持分法を適用している。以下の取引について、持分法適用に係る連結修正仕訳を示しなさい。

　科目は原則処理による。

(1)　P社はA社に原価率90％でX商品を販売しており、A社期末商品のうち10,000円はP社から仕入れたものである。

(2)　A社はP社に原価率90％でY商品を販売しており、P社期末商品のうち10,000円はA社から仕入れたものである。

➤ ポイント

　ダウン・ストリームの場合、投資会社の売上高に未実現利益が含まれており、アップ・ストリームの場合、投資会社の商品に未実現利益が含まれています。

仕 訳

(1)　ダウン・ストリーム

| （借）売　　上　　高 | 300 [01] | （貸）A　社　株　式 | 300 |
|---|---|---|---|

01）10,000円×（1 − 90％）× 30％ = 300円

(2)　アップ・ストリーム

| （借）持分法による投資損益 | 300 [02] | （貸）商　　　　　品 | 300 |
|---|---|---|---|

02）10,000円×（1 − 90％）× 30％ = 300円

※　参考　容認処理の場合

(1)　ダウン・ストリーム

| （借）持分法による投資損益 | 300 | （貸）A　社　株　式 | 300 |
|---|---|---|---|

(2)　アップ・ストリーム

| （借）持分法による投資損益 | 300 | （貸）A　社　株　式 | 300 |
|---|---|---|---|

# 第 2 部

応 用 問 題

# 合格に近づく!
# 重要度B

仕訳は難しくなくても、
金額の計算が少し複雑です。
計算過程を中心におさえましょう!

Let's training!

## 問題1　約定日基準と修正受渡日基準　　重要度 B

　下記の取引について、(1)約定日基準および(2)修正受渡日基準による場合の仕訳をそれぞれ示しなさい。評価差額は有価証券評価損益勘定を用いること。

① ×1年3月30日　C社株式10株を売買目的で@100円で購入する契約を結んだ（受渡日は4日後）。

② ×1年3月31日　決算日におけるC社株式の時価は@120円である。

③ ×1年4月3日　C社株式を受け取り、代金は現金で支払った。

## ➤ ポイント

> 約定日基準(原則)　　：契約締結日に有価証券を計上。
> 修正受渡日基準(容認)：受渡日に有価証券を計上。
> 　　　　　　　　　　　ただし、期末の評価差額の計上は行う。

　有価証券は、約定日（契約締結日）から時価の変動リスクにさらされます。そのため、約定日基準でも修正受渡日基準でも、決算日に評価損益を計上します。

　有価証券を複数保有している場合の処理の煩雑性を考慮して、簡便法として修正受渡日基準も認められています。

　なお、約定日基準でも、修正受渡日基準でも、損益に与える影響は同じです。

**仕 訳** ▶

**(1) 約定日基準**

① ×1年3月30日（約定日）

(借) 売買目的有価証券　1,000　(貸) 未　払　金　1,000

② ×1年3月31日（決算日）

(借) 売買目的有価証券　200　(貸) 有価証券評価損益　200

③ ×1年4月3日（受渡日）

(借) 未　払　金　1,000　(貸) 現　金　1,000

**(2) 修正受渡日基準**

① ×1年3月30日（約定日）

仕　訳　な　し

② ×1年3月31日（決算日）

(借) 売買目的有価証券　200　(貸) 有価証券評価損益　200

③ ×1年4月3日（受渡日）

(借) 売買目的有価証券　1,000　(貸) 現　金　1,000

　下記の取引について、仕訳を示しなさい。

(1)　当社が保有する S 社株式 10,000 円（その他有価証券）について、その他資本剰余金を原資とする配当金 500 円を現金で受け取った。

(2)　当期末における S 社株式の時価は 9,200 円であった。
　　　全部純資産直入法を採用し、税効果会計は適用しない。

➤ ポイント

　　　その他資本剰余金による配当

　　　　　その他有価証券：有価証券の減少として処理

　　　　　売買目的有価証券：受取配当金として処理

　その他資本剰余金は自己株式処分差益などからなり、自己株式処分差益は株主から払い込まれた資本の一部です。

　そのため、その他資本剰余金からの配当は、基本的には投資の払戻しの性格を持ち、有価証券の簿価を減少させます。

仕 訳

(1)　配当金受取り時

| （借）現 | 　金 | 500 | （貸）その他有価証券 | 500 |

(2)　決算日

| （借）その他有価証券評価差額金 | 300 [01] | （貸）その他有価証券 | 300 |

01) 9,200 円 −（10,000 円 − 500 円）＝△ 300 円

**参考** 子会社からその他資本剰余金の配当を受けた場合（連結上の処理）

個別上、子会社株式を減額しており、連結開始仕訳で当初の取得原価で資本連結を行っているため、親会社受取分は受取配当金ではなく、子会社株式を修正します。

（例）親会社（持株比率80％）が800円の配当金を受け取った場合

| （借）S 社 株 式 | 800 | （貸）剰余金の配当 | 1,000 |
|---|---|---|---|
| 非支配株主持分当期変動額 | 200 | | |

**研究** ▶ **投資の継続と清算**

「投資が継続している」とはどのような状態を指すのかといえば、当初に投資した資金が、その後も、同じ投資形態のままであることをいいます。

同種資産の交換(土地と土地の交換)は、当初に土地に投資した資金が、交換後も同じく土地の資金として継続しているため、投資形態が変わっていない状態です。

投資が継続しているのであれば、その資金は会計的には以前と何ら変わらない状態といえます。そのため、簿価を用いて処理します。

逆に「投資の清算」とは、投資した資金の収支決算を行って投資を終わりにすることをいいます(それまでの投資を回収したり、売却したりすることです。)。

投資形態が変わる場合は、いったん投資を清算して、清算により得た資金を新たに投資すると考えることになります。そのため、時価を用いて処理します。

投資の継続や清算という考え方は、たびたび用いられています。

## 問題1 20 年を超える見積り 重要度 B

以下の取引につき、減損損失の認識の判定及び仕訳を示しなさい。

(1) 建物（取得原価 100,000 円、減価償却累計額 30,000 円）に減損の兆候が見られるので、当期末からの残存使用年数 22 年について将来キャッシュ・フローを見積もったところ、次の通りであった。

|  | 1 年 ~ 20 年 | 21 年 | 22 年 |
|---|---|---|---|
| 割引前 | 50,000 円 | 1,100 円* | 1,700 円* |
| 割引後 | 31,000 円 | 400 円 | 600 円 |

＊ 21 年および 22 年のキャッシュ・フローを 20 年時点まで割り引いた額は、1,000 円および 1,500 円である。

(2) 建物の当期末における正味売却価額は 20,000 円、20 年経過時点の正味売却価額は不明である。

➤ ポイント

20 年を超える場合の減損損失の認識

　20 年までのキャッシュ・フロー + 20 年時点の回収可能価額と、

　簿価の比較

　減損損失の認識は 20 年が基準になる点がポイントです。なお、減損損失の測定では、これまでどおり現在価値に割り引いた使用価値を用いるため、認識の方法を忘れたときは、減損損失を直接計算しても問題ありません。

**仕訳**

### (1) 減損損失の認識

建物の残存使用年数が 20 年を超えるため、20 年経過時点の回収可能価額を 20 年目までの割引前キャッシュ・フローに加算した額と、帳簿価額を比較します。

帳簿価額：100,000 円 − 30,000 円 = 70,000 円

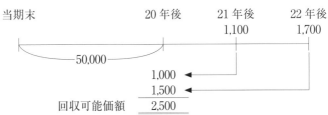

キャッシュ・フロー合計：50,000 円 + 2,500 円 = 52,500 円

70,000 円 > 52,500 円　∴減損損失を認識する。

### (2) 減損損失の測定

(借) 減　損　損　失　38,000 [01] (貸) 建　　　　　物　38,000

01）使用価値：31,000 円 + 400 円 + 600 円 = 32,000 円

　　回収可能価額：32,000 円 > 20,000 円　∴ 32,000 円

　　減損損失：70,000 円 − 32,000 円 = 38,000 円

**共用資産の減損（原則）**　　　　　　　　　重要度 B

　次の資料にもとづき、減損損失の仕訳を示しなさい。

・　当社では以下の資産について減損の兆候が存在する。
・　共用資産（建物勘定で処理）の減損処理は、「共用資産を含むより大きな単位」で行う。

| | 土　地 | 機　械 | 共用資産 | 合　計 |
|---|---|---|---|---|
| 帳　簿　価　額 | 1,500 円 | 500 円 | 800 円 | 2,800 円 |
| 減　損　の　兆　候 | あり | なし | あり | あり |
| 割引前将来キャッシュ・フロー | 1,470 円 | 不明 | 不明 | 2,700 円 |
| 回　収　可　能　価　額 | 1,450 円 | 不明 | 不明 | 2,500 円 |

**➤ポイント**

　共用資産（より大きな単位でグルーピング）

　　① 　資産ごとの減損損失の計算

　　② 　より大きな単位での減損損失の計算

　　③ 　共用資産の減損損失の計算　　（②の減損損失 － ①の減損損失）

　共用資産の具体例としては、本社建物、試験研究施設や物流センターなどがあります。

**仕 訳**

### (1) 資産ごとの減損損失の認識・測定

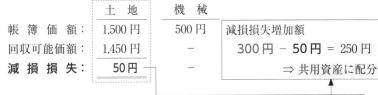

|  | 土 地 | 機 械 |
|---|---|---|
| 帳 簿 価 額: | 1,500 円 | 500 円 |
| 回収可能価額: | 1,450 円 | − |
| 減 損 損 失: | 50 円 | − |

減損損失増加額
300 円 − 50 円 = 250 円
⇒ 共用資産に配分

### (2) 共用資産を含めた資産グループ全体での減損損失の測定

|  | 土 地 | 機 械 | 共用資産 | 合 計 |
|---|---|---|---|---|
| 帳 簿 価 額: | 1,500 円 | 500 円 | 800 円 | 2,800 円 |
| 回収可能価額: |  |  |  | 2,500 円 |
| 減 損 損 失: |  |  |  | 300 円 |

| (借)減 損 損 失 | 300 | (貸)土　　　　地 | 50 |
|---|---|---|---|
|  |  | 建　　　　物 | 250 |

**研究** ▷ なぜ、共用資産を減損させるのか。

　①資産ごとの減損損失を計算し、次に②「より大きな単位」での減損損失を計算し、②が①を超過した分は、共用資産を減損させます。

　これは、共用資産自体では収益性が乏しく、また共用資産を売却してしまうと他の資産も活用できなくなることから、資産グループ全体の減損は（①の個別の資産に関する減損を除いて）共用資産を減損させることになります。

次の資料にもとづき、減損損失の仕訳を示しなさい。

・　当社では以下の資産について減損の兆候が存在する。
・　共用資産（建物勘定で処理）の減損処理は、「共用資産の帳簿価額を各資産に配分する方法」で行うこととする。
・　共用資産の帳簿価額を土地に75％、機械に25％の割合で配分する。

| | 土　地 | 機　械 | 共用資産 |
|---|---|---|---|
| 帳　簿　価　額 | 1,500円 | 500円 | 800円 |
| 減　損　の　兆　候 | あり | なし | あり |
| 割引前将来キャッシュ・フロー（共用資産配分後） | 2,000円 | 不明 | 不明 |
| 回収可能価額（共用資産配分後） | 1,890円 | 不明 | 不明 |

## ➤ポイント

共用資産（共用資産の帳簿価額を配分する方法）

① 共用資産の帳簿価額を配分

② 配分後の金額にもとづいて減損損失を計算

③ 減損損失を、各資産と共用資産の配分額を基準に分ける。

のれんの帳簿価額を配分する場合も、計算手順は共用資産と同じです。

**仕 訳**

(1) 共用資産の帳簿価額の配分

土　地：800 円 × 75% = 600 円

機　械：800 円 × 25% = 200 円

(2) 減損損失の測定

|  | 土　地 | 機　械 | 共用資産 |
|---|---|---|---|
| 帳 簿 価 額： | 1,500 円 | 500 円 | 800 円 |
| 配　分　額： | 600 円 | 200 円 | |
| 合　計　： | 2,100 円 | 700 円 | |
| 回収可能価額： | 1,890 円 | － | |
| 減 損 損 失： | 210 円 | － | |

(3) 減損損失の配分

土　地：$210 円 \times \dfrac{1,500 円}{1,500 円 + 600 円} = 150 円$

共用資産：$210 円 \times \dfrac{600 円}{1,500 円 + 600 円} = 60 円$

| (借) 減　損　損　失 | 210 | (貸) 土　　　　　地 | 150 |
|---|---|---|---|
| | | 建　　　　　物 | 60 |

**のれんの減損（原則）**　　　　　　　　**重要度 B**

　次の資料にもとづき、減損損失の仕訳を示しなさい。

・　当社では期中に買収したA事業に関連して取得した以下の資産について減損の兆候が存在する。
・　減損処理は、「のれんを含むより大きな単位」で行うこととする。

| | 土 地 | 建 物 | のれん | 合 計 |
|---|---|---|---|---|
| 帳 簿 価 額 | 1,500円 | 500円 | 100円 | 2,100円 |
| 減 損 の 兆 候 | あり | なし | あり | あり |
| 割引前将来キャッシュ・フロー | 1,470円 | 不明 | 不明 | 2,050円 |
| 回 収 可 能 価 額 | 1,450円 | 不明 | 不明 | 1,950円 |

➤ポイント

　のれん（より大きな単位でグルーピング）

　　① 資産ごとの減損損失の計算

　　② より大きな単位での減損損失の計算

　　③ のれんの減損損失の計算　（②の減損損失 － ①の減損損失）

　共用資産の減損損失と計算手順は同じです。

**仕訳**

**(1) 資産ごとの減損損失の認識・測定**

|  | 土　地 | 建　物 |
|---|---|---|
| 帳 簿 価 額： | 1,500 円 | 500 円 |
| 回収可能価額： | 1,450 円 | － |
| **減 損 損 失：** | **50 円** | － |

減損損失増加額

150 円 － **50 円** = 100 円

⇒ のれんに配分 ◄

**(2) のれんを含めた資産グループ全体での減損損失の測定**

|  | 土　地 | 建　物 | のれん | 合　計 |
|---|---|---|---|---|
| 帳 簿 価 額： | 1,500 円 | 500 円 | 100 円 | 2,100 円 |
| 回収可能価額： |  |  |  | 1,950 円 |
| **減 損 損 失：** |  |  |  | **150 円** |

| (借)減 損 損 失 | 150 | (貸)土　　　　　地 | 50 |
|---|---|---|---|
|  |  | の　れ　ん | 100 |

---

**研究　なぜ、のれんを減損させるのか**

　『のれん』も共用資産と同様に、①資産ごとの減損損失を計算し、次に②「より大きな単位」での減損損失を計算し、②が①を超過した分を減損させます。

　しかし、共用資産は「回収可能価額があればそこまでしか減損させない」のに対して、『のれん』は、実体のない資産なので０になるまで減損させることになります。

## 問題 1　資産除去債務（見積りの減少）　　重要度 B

　×2年3月31日と×3年3月31日に必要な仕訳を示しなさい。なお、計算上、端数が生じる場合には、円未満を四捨五入すること。

・　×1年4月1日
　　機械を30,000円で取得し、現金で支払った。この機械を3年後に除去するのに必要な支出は3,993円と見積もられた。取得時の割引率は10%であり、資産除去債務3,000円を計上している。

・　×2年3月31日
　　除去に要する見積額を2,783円に変更した。変更時の割引率は9%である。減価償却は、定額法、耐用年数3年、残存価額ゼロ、間接法により行う。

### ポイント

資産除去債務減少額＝（当初見積額－変更後見積額）× $\dfrac{1}{当初割引率^{残存耐用年数}}$

翌期　　利息費用＝資産除去債務の簿価×当初の割引率

減価償却費＝

（取得原価－減価償却累計額－見積減少額）÷残存耐用年数

　見積額が減少した場合に当初の割引率を用いるのは、当初計上した負債の一部が減少したと考えるためです。

**仕訳**

## 1. ×2年3月31日

(1) 利息費用の計上

| (借) 利　息　費　用 | 300 [01] | (貸) 資 産 除 去 債 務 | 300 |

01) 3,000 円 × 10% = 300 円

(2) 減価償却

| (借) 減 価 償 却 費 | 11,000 [02] | (貸) 機械減価償却累計額 | 11,000 |

02) (30,000 円 + 3,000 円) ÷ 3 年 = 11,000 円

(3) 資産除去債務の減少

| (借) 資 産 除 去 債 務 | 1,000 [03] | (貸) 機　　　　　械 | 1,000 |

03) (3,993 円 − 2,783 円) × $\dfrac{1}{(1.1)^2}$ = 1,000 円

## 2. ×3年3月31日

(1) 利息費用の計上

| (借) 利　息　費　用 | 230 [04] | (貸) 資 産 除 去 債 務 | 230 |

04) (3,000 円 + 300 円 − 1,000 円) × 10% = 230 円

(2) 減価償却

| (借) 減 価 償 却 費 | 10,500 [05] | (貸) 機械減価償却累計額 | 10,500 |

05) (33,000 円 − 11,000 円 − 1,000 円) ÷ 2 年 = 10,500 円

　　または、11,000 円 − 1,000 円 ÷ 2 年 = 10,500 円

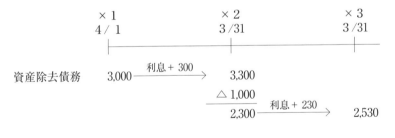

**資産除去債務（見積りの増加）** 重要度 B

　×2年3月31日及び×3年3月31日に必要な仕訳を示しなさい。
なお、計算上、端数が生じる場合には、円未満を四捨五入すること。

・　×1年4月1日

　　機械 30,000 円を取得し、現金で支払った。この機械を3年後に
除去するのに必要な支出は 3,993 円と見積もられた。取得時の割引
率は 10% であり、資産除去債務 3,000 円を計上している。

・　×2年3月31日

　　除去に要する見積額を 5,181 円に変更した。変更時の割引率は 9%
である。なお、減価償却は定額法、耐用年数3年、残存価額ゼロ、間
接法により行う。

► **ポイント**

見積りの増加

増加時

　資産除去債務増加額 = (変更後見積額 − 当初見積額) × $\dfrac{1}{\text{増加時の割引率}^{\text{残存耐用年数}}}$

翌期

利息費用 =

　　資産除去債務当初分 × 当初の割引率 + 増加分 × 増加時の割引率

減価償却費 =

　　(取得原価 − 減価償却累計額 + 見積増加額) ÷ 残存耐用年数

　見積額が増加した場合に増加時の割引率を用いるのは、新たに負債が発生
したと考えるためです。

**仕訳**

## 1．×2年3月31日

(1) 利息費用の計上

(借) 利　息　費　用　　300 [01] (貸) 資 産 除 去 債 務　　300

01) 3,000 円 × 10% = 300 円

(2) 減価償却

(借) 減 価 償 却 費　11,000 [02] (貸) 機械減価償却累計額　11,000

02) (30,000 円 + 3,000 円) ÷ 3 年 = 11,000 円

(3) 資産除去債務の増加

(借) 機　　　　　械　　1,000　　(貸) 資 産 除 去 債 務　1,000 [03]

03) (5,181 円 − 3,993 円) × $\dfrac{1}{(1.09)^2}$ = 999.91… → 1,000 円

## 2．×3年3月31日

(1) 利息費用の計上

当初発生額と増加額を分けて計算します。

(借) 利　息　費　用　　420 [04] (貸) 資 産 除 去 債 務　　420

04) (3,000 円 + 300 円) × 10% + 1,000 円 × 9 % = 420 円

(2) 減価償却

(借) 減 価 償 却 費　11,500 [05] (貸) 機械減価償却累計額　11,500

05) (33,000 円 − 11,000 円 + 1,000 円) ÷ 2 年 = 11,500 円

　　　　または 11,000 円 + 1,000 円 ÷ 2 年 = 11,500 円

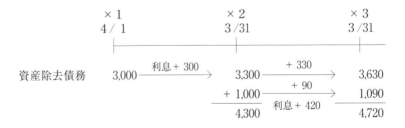

## 問題1　リース資産の期中取得　　　　　　　　重要度 B

　備品に係る以下の所有権移転ファイナンス・リース契約について、次の日付の仕訳を示しなさい。

(1)×1年10月1日　　(2)×2年3月31日（決算日）

(3)×2年　4月1日　　(4)×2年9月30日

〈リース契約の内容〉

・契約日：×1年10月1日　リース期間：5年

・リース料：年額8,000円（毎年9月30日に当座預金より支払い）

・リース資産の計上額：35,000円　利子率：年4％を用いる。

・リース資産の減価償却：定額法、経済的耐用年数5年、

残存価額ゼロ、間接法

➤ポイント

　リース　期中取得

　　決算時：利息の見越し計上、減価償却費の月割計上

　　翌期首：再振替仕訳

　　支払時：リース債務残高をもとに利息計算

　リース料支払時に1年分の利息を計上し、再振替仕訳により前期分を除くことにより、その期の利息分が適正に計上されます。

**仕訳**

(1) リース資産の取得（×1年10月1日）

（借）リース資産　35,000　（貸）リース債務　35,000

(2) 利息の見越し計上（×2年3月31日）

（借）支払利息　700 [01]（貸）未払利息　700

01）$35,000 円 \times 4\% \times \dfrac{6 \,カ月}{12 \,カ月} = 700 円$

減価償却（×2年3月31日）

（借）減価償却費　3,500 [02]（貸）リース資産減価償却累計額　3,500

02）$35,000 円 \div 5 年 \times \dfrac{6 \,カ月}{12 \,カ月} = 3,500 円$

(3) 再振替仕訳（×2年4月1日）

（借）未払利息　700　（貸）支払利息　700

(4) リース料の支払い（×2年9月30日）

（借）リース債務　6,600 [04]（貸）当座預金　8,000
　　　支払利息　1,400 [03]

03）$35,000 円 \times 4\% = 1,400 円$　　04）$8,000 円 - 1,400 円 = 6,600 円$

※　×3年3月31日も利息の見越し計上 568 円を行います。

$(35,000 円 - 6,600 円) \times 4\% \times \dfrac{6 \,カ月}{12 \,カ月} = 568 円$

次の資料にもとづいて(1)当期首および(2)当期末において必要な仕訳を示しなさい。決算日は3月31日である。

・ 当期首に次の所有権移転外ファイナンス・リース契約にもとづき、備品を調達した。リース期間:4年、リース料の支払い:毎年4月1日に年額 10,000 円を当座預金より支払う。
・ リース資産の取得原価:37,000 円
・ 備品の経済的耐用年数は5年である。
・ 利子率は年5%を用いるものとする。
・ リース資産の減価償却は、定額法、残存価額ゼロ、間接法による。

➤ポイント

リース料の前払い

(1) リース契約時の支払い:リース料の全額をリース債務の返済に充てる

(2) 決算時:利息の見越し計上と減価償却

支払利息は、資金を借りていることの対価として時の経過に伴って発生します。そのため、リース契約時に返済した分については時の経過による利息は発生しません。

**仕訳** ▶

(1) 取得時・リース料支払時(当期首)

(借)リ ー ス 資 産 37,000 (貸)リ ー ス 債 務 37,000
(借)リ ー ス 債 務 10,000 (貸)当 座 預 金 10,000

(2) 決算時(当期末)

① 利息の見越し計上

(借)支 払 利 息 1,350 [01] (貸)未 払 利 息 1,350

01)(37,000円 − 10,000円)× 5 % = 1,350円

② 減価償却

(借)減 価 償 却 費 9,250 [02] (貸)リース資産減価償却累計額 9,250

02)37,000円 ÷ 4年 = 9,250円

**研 究** ▷ **どうしてリース資産を他の固定資産と区別するのか**

　所有権移転ファイナンス・リースでも所有権が移転するのはリース期間終了時であり、リース期間中は所有権が移転していないため、当社所有の固定資産と区別するためです。

　当社は、リース会社より以下の備品を所有権移転外ファイナンス・リース取引により調達している。以下の取引の仕訳を示しなさい。

〈リース契約の内容〉

・契約日：×7年4月1日　リース期間：5年

・リース料：年額 10,000 円（毎年 3 月末日に当座預金より支払い）

・備品の見積現金購入価額：45,800 円

・備品の経済的耐用年数：6 年、残存価額はゼロである。

(1)　当社の追加借入利子率：2 ％

　　　見積現金購入価額とリース料総額の割引現在価値を等しくする割引率：3 ％

(2)　年金現価係数は、以下のとおりである。リース債務返済額は年金現価係数をもとに計算すること。

　　　利子率2％　4年：3.808、5年：4.713

　　　利子率3％　4年：3.717、5年：4.580

## ► ポイント

### リース資産の取得原価

　所有権移転外ファイナンス・リース取引の借手において、貸手の購入価額等が明らかでない場合、リース資産の計上額は、リース料総額の割引現在価値と借手の見積現金購入価額とのいずれか低い額となります。

|  | 借手側でリース物件の貸手の購入価額等が明らかな場合 | 借手側でリース物件の貸手の購入価額等が明らかでない場合 |
|---|---|---|
| 所有権移転ファイナンス・リース取引 | 貸手の購入価額等 | ・見積現金購入価額<br>・リース料総額の割引現在価値<br>いずれか低い額 |
| 所有権移転外ファイナンス・リース取引 | ・貸手の購入価額等<br>・リース料総額の割引現在価値<br>いずれか低い額 | |

　割引率は、貸手の利子率が不明の場合には、借手の追加借入利子率を用います。

**仕訳**

(1) **リース資産の取得原価**

リース料総額の割引現在価値：10,000 円 × 4.713 = 47,130 円
　　　　　　　　　　　　　　　　　　追加借入利子率

見積現金購入価額：45,800 円

47,130 円 ＞ 45,800 円　よって、リース資産の計上額：45,800 円

(2) **リース取引開始時（× 7 年 4 月 1 日）**

（借）リ ー ス 資 産　45,800　（貸）リ ー ス 債 務　45,800

(3) **リース料支払時（× 8 年 3 月 31 日）**

　見積現金購入価額で計上した場合、「見積現金購入価額とリース料総額の割引現在価値を等しくする割引率」を用いて、支払利息を計算します。

　45,800 円 ÷ 10,000 円 = 4.58　問題文より利子率：3 ％　5 年とわかります。

（借）リ ー ス 債 務　8,630 <sup>01)</sup> （貸）当 座 預 金　10,000
　　　支 払 利 息　1,370 <sup>02)</sup>

01）当期末リース債務残高：10,000 円 × 3.717 = 37,170 円
　　45,800 円 − 37,170 円 = 8,630 円

02）10,000 円 − 8,630 円 = 1,370 円

(4) **決算時（× 8 年 3 月 31 日）**

　所有権移転外ファイナンス・リース取引の場合、リース期間で減価償却を行います。

（借）減 価 償 却 費　9,160 <sup>03)</sup> （貸）リース資産減価償却累計額　9,160

03）45,800 円 ÷ 5 年 = 9,160 円

次の資料にもとづいて、(1)売却時、(2)リースバック時、(3)リース料支払時、(4)決算時の仕訳を示しなさい。決算日は3月31日である。対価の受払いは当座預金口座より行う。

・ ×2年4月1日に、所有する以下の備品についてリース会社とセール・アンド・リースバック取引を行った。
　　取得原価 10,000円、減価償却累計額 2,000円
　　減価償却方法：定額法、経済的耐用年数：5年、残存価額：ゼロ、間接法
・ セール・アンド・リースバック取引
　　（所有権移転ファイナンス・リース取引）
　　売却価額：9,000円、年間リース料：2,480円（3月末日に後払い）
　　リース期間：4年間、リースバック以降の経済的耐用年数：4年
　　貸手の計算利子率：4%、所有権移転条項：あり

## ➤ポイント

セール・アンド・リースバック

① 売却時：固定資産売却損益を繰延べる。

② リースバック時：売却価額でリース資産計上

③ 決算時：減価償却費の計上と長期前受収益（前払費用）との相殺

リースバックの実態は固定資産を担保とした借入れであり、固定資産を引き続き使用することに変わりはないため、売却損益を繰延べます。

そして、繰延べた額を減価償却費と相殺することにより、減価償却費は固定資産をそのまま使用した場合と近い額となります。

長期前受収益（前払費用）はリース資産に対する減価償却費の割合に応じて、減価償却費に加減します。定率法の場合、次の式となります。

$$減価償却費への加減額＝長期前受収益 \times \frac{定率法の減価償却費}{リース資産の取得原価}$$

**仕訳**　▶

(1)　×2年4月1日（売却時）

（借）備品減価償却累計額　2,000　（貸）備　　　　　品　10,000
　　　当　座　預　金　9,000　　　　長期前受収益　1,000 [01]

01) 9,000円 −（10,000円 − 2,000円）= 1,000円

(2)　×2年4月1日（リースバック時）

（借）リ ー ス 資 産　9,000 [02]（貸）リ ー ス 債 務　9,000

02) 所有権移転ファイナンス・リース取引であるため、貸手の購入価額（借手の実際
売却価額）をリース資産・リース債務の計上価額とします。

(3)　×3年3月31日（リース料支払時）

（借）リ ー ス 債 務　2,120 [04]（貸）当　座　預　金　2,480
　　　支　払　利　息　360 [03]

03) 9,000円 × 4% = 360円

04) 2,480円 − 360円 = 2,120円

(4)　×3年3月31日（決算時）

（借）減 価 償 却 費　2,250 [05]（貸）リース資産減価償却累計額　2,250
（借）長 期 前 受 収 益　250 [06]（貸）減 価 償 却 費　250

05) 9,000円 ÷ 4年 = 2,250円

06) 1,000円 ÷ 4年 = 250円

備品に係る所有権移転ファイナンス・リース契約について当期末（×5年3月31日）をもって中途解約し、違約金2,400円は小切手を振り出して支払った。下記の資料にもとづいて、中途解約時の仕訳を示しなさい。

〈リース契約の内容〉

・契約日：×1年4月1日　リース期間：5年

・リース料：年額2,400円（毎年3月31日に当座預金より支払い）

・リース資産の計上額：10,000円　リース債務の当期末残高：2,050円

・リース資産の減価償却：経済的耐用年数5年、残存価額0円、定額法

・リース資産減価償却累計額の当期末残高：8,000円

## ▶ポイント

リース　中途解約

　リース資産除却損＝リース資産の簿価

　　　　　　　　（取得原価－前期末減価償却累計額－当期減価償却費）

　リース債務解約損＝違約金－リース債務残高

　リース契約をリース期間の途中で解約した場合、リース資産をリース会社に返還するとともに、違約金を支払います。これによって、リース債務も消滅し、違約金とリース債務残高との差額をリース債務解約損とします。

## 仕訳 ▶

(1)　リース資産の返還

| （借）リース資産減価償却累計額 | 8,000 | （貸）リ ー ス 資 産 | 10,000 |
| リース資産除却損 | 2,000 [01] | | |

01) 10,000円 － 8,000円 ＝ 2,000円

(2)　違約金の支払い

| （借）リ ー ス 債 務 | 2,050 | （貸）当 座 預 金 | 2,400 |
| リース債務解約損 | 350 [02] | | |

02) 2,400円 － 2,050円 ＝ 350円

| 問題 1 | 過去勤務費用 | 重要度 B |

当期の退職給付費用と当期末の退職給付引当金の金額を答えなさい。

(1) 期首退職給付債務　：50,000 円、期首年金資産：30,000 円
　　期首退職給付引当金：20,000 円

(2) 勤務費用：8,000 円、割引率 3 ％、長期期待運用収益率 4 ％

(3) 年金基金へ掛け金 7,000 円を当座預金より支払った。

(4) 退職給付水準の改訂により、当期末の実際の退職給付債務が見積額よりも 1,000 円多くなっていることが判明した。過去勤務費用は、当期より定額法により 10 年で費用処理する。

➤ ポイント

　　退職給付水準の引上げによる退職給付債務の増加分を従業員の平均残存勤務期間内で償却するのは、給付水準の引上げにより従業員の勤労意欲が将来にわたって向上することが期待され、それによる将来の収益と対応させるためです。

仕 訳 ▸

(1) 退職給付費用の計上

　(借) 退 職 給 付 費 用　8,300 [01] (貸) 退職給付引当金　8,300
　01) 8,000 円 + 50,000 円 × 3 ％ − 30,000 円 × 4 ％ = 8,300 円

(2) 年金基金への掛け金拠出

　(借) 退職給付引当金　7,000　(貸) 当 座 預 金　7,000

(3) 過去勤務費用（借方差異）の償却

　(借) 退 職 給 付 費 用　100 [02] (貸) 退職給付引当金　100
　02) 1,000 円 ÷ 10 年 = 100 円

(4) 当期末の各金額

　退職給付費用：8,300 円 + 100 円 = 8,400 円

　退職給付引当金：20,000 円 + 8,300 円 − 7,000 円 + 100 円 = 21,400 円

当期の退職給付費用と当期末の退職給付引当金の金額を答えなさい。

(1)　期首退職給付債務　：50,000円、期首年金資産：30,000円

期首退職給付引当金：20,000円

(2)　勤務費用：8,000円、割引率3％、長期期待運用収益率4％

(3)　年金基金へ掛け金7,000円を当座預金より支払った。

(4)　当期の実際運用収益は2,200円であったため、数理計算上の差異1,000円（貸方差異）が発生している。当期より定額法により10年で費用処理する。

➤ ポイント

数理計算上の差異

年金資産の実際額と見積額との差や、退職給付債務の実際額と見積額との差などにより生じたもの

前期以前に数理計算上の差異が発生した場合、問題文の差異の金額が、当初の発生額であれば償却期間を用いて計算し、期首の残高であれば、残存期間で計算します。これは、無形固定資産や繰延資産も同じですね。

仕訳

(1)　退職給付費用の計上

（借）退 職 給 付 費 用　　8,300 01)（貸）退 職 給 付 引 当 金　　8,300

01）8,000円 + 50,000円 × 3％ − 30,000円 × 4％ = 8,300円

(2)　年金基金への掛け金拠出

（借）退 職 給 付 引 当 金　　7,000　（貸）当 　座 　預 　金　　7,000

(3)　数理計算上の差異（貸方差異）の償却

（借）退 職 給 付 引 当 金　　100 02)（貸）退 職 給 付 費 用　　100

02）1,000円 ÷ 10年 = 100円

(4)　当期末の各金額

退職給付費用：8,300円 − 100円 = 8,200円

退職給付引当金：20,000円 + 8,300円 − 7,000円 − 100円 = 21,200円

## 研究 ▷ 回収余剰(かいしゅうよじょう)

　利益のことを、財務会計において「回収余剰」ということがあります。

　回収余剰とは、投資額を回収してなお余る部分を指しています。
つまり、回収額(収益)－投資額(費用)＝回収余剰(利益)、
ということです。

　例えば、株主から提供された資本100を商品に投下し、そこから120の収益を
獲得したとしましょう。投下した資本の額100を回収してそれを超える20が利益
となります。

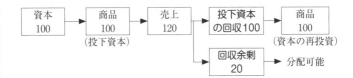

　投資額の100は、事業を永続的に存続させる上で必ず回収するべき部分です。
また、この部分は配当に回すわけにはいきません。継続企業を前提とすれば、提
供された資本の額を最低限維持した上で、資本の投下、回収、を繰り返していく
ことが必要になります。

　したがって、投下資本を回収してなお余る部分が利益の意味合いとなります。

退職給付に係る次の取引の仕訳を示しなさい。

(1)　退職給付費用の見積計上　(2)　年金掛け金の拠出

(3)　退職年金の支払い　　　　(4)　決算時

(1)　期首の退職給付債務：50,000円、期首の年金資産：20,000円
　　　当期の勤務費用：8,000円、利息費用：1,500円、
　　　期待運用収益：1,200円

(2)　年金基金へ掛け金2,000円を当座預金より支払った。

(3)　年金基金から従業員へ退職年金1,000円の支払いがあった。

(4)　年金資産の期末時価は21,200円である。退職給付債務の期末時価
　　　は58,500円である。数理計算上の差異は発生年度から10年で定額
　　　法により償却する。

## ポイント

数理計算上の差異

$$実際年金資産 \ - \ 見積年金資産 \ = \begin{cases} \oplus & 資産が増えた　貸方差異 \\ \\ \ominus & 資産が減った　借方差異 \end{cases}$$

$$実際退職給付債務 - 見積退職給付債務 = \begin{cases} \oplus & 負債が増えた　借方差異 \\ \\ \ominus & 負債が減った　貸方差異 \end{cases}$$

　数理計算上の差異を当期から償却する場合には差異の発生額を計算する必要がありますが、翌期から償却する場合には、個別財務諸表上は当期の処理に影響しないため、計算する必要はありません。

　なお、負債は増えると企業にとって不利であり、退職給付債務の差異の計算は、資産の差異と借方と貸方が逆になることに注意しましょう。

**仕 訳** ▶

(1) 退職給付費用の見積計上

(借)退職給付費用　8,300 [01] (貸)退職給付引当金　8,300

01) 8,000 円 + 1,500 円 − 1,200 円 = 8,300 円

(2) 年金掛け金の拠出

(借)退職給付引当金　2,000 (貸)当 座 預 金　2,000

(3) 退職年金の支払い

仕 訳 な し [02]

02) 退職年金の支払いは年金基金が行うため「仕訳なし」となりますが、年金資産と退職給付債務が減少するため、期末年金資産と退職給付債務の計算上は考慮します。

(4) 決算時

(借)退職給付費用　100 [03] (貸)退職給付引当金　100

03) 期末年金資産：20,000 円 + 1,200 円 + 2,000 円 − 1,000 円 = 22,200 円

数理計算上の差異：21,200 円 − 22,200 円 = △ 1,000 円（借方差異）

償却額：1,000 円 ÷ 10 年 = 100 円

| 年金資産 | |
|---|---|
| 期首 20,000 | 退職年金 1,000 |
| 期待運用収益 1,200 | 期末 22,200 |
| 掛け金 2,000 | |

時価 21,200
**借方差異△ 1,000**

| 退職給付債務 | |
|---|---|
| 退職年金 1,000 | 期首 50,000 |
| 期末 58,500 | 勤務費用 8,000 |
| | 利息費用 1,500 |

時価 58,500
**差異 0**

24 章 社債

## 問題1　抽選償還（利息法）　　　　　　　　　重要度 B

　以下の場合において、⑴×2年3月31日の社債利息の支払いと⑵社債の償還の仕訳を示しなさい。当社は3月31日を決算日としている。円未満の端数が生じた場合は四捨五入すること。

・　社債の発行日：×1年4月1日、額面総額50,000円、払込金額は48,567円、償還期限5年、利率は年1％、利払日は3月末日。
　　毎年3月末に10,000円ずつ抽選償還を行う。

・　償却原価法（利息法）を採用する。実効利子率は年2％である。

　⑴　×2年3月31日に利息を当座預金より支払うとともに償却原価法の処理を行った。

　⑵　×2年3月31日に額面10,000円の社債を償還した。

### ポイント

償却原価法（抽選償還　利息法）
　⑴　償還分と未償還分の簿価合計にもとづき、償却額を計算する。
　⑵　額面金額で償還する。

1　利息法の場合、償還分と未償還分を分けずに、まとめて償却額を計算します。

2　払込金額は、満期に額面金額になるように設定されています。抽選償還でも、将来キャッシュ・フローを実効利子率で割引くと、払込金額（現在価値）となります。

$$\frac{10,000+500}{1.02}+\frac{10,000+400}{1.02^2}+\frac{10,000+300}{1.02^3}+\frac{10,000+200}{1.02^4}+\frac{10,000+100}{1.02^5}≒48,567円$$

**仕訳**

(1) 利息の支払い

| (借) 社　債　利　息 | 971 [01] | (貸) 当　座　預　金 | 500 [02] |
|---|---|---|---|
| | | 社　　　　　債 | 471 [03] |

01) 48,567 円 × 2 % = 971.34 → 971 円　　03) 971 円 − 500 円 = 471 円

02) 50,000 円 × 1 % = 500 円

(2) 社債の償還

| (借) 社　　　　　債 | 10,000 [04] | (貸) 当　座　預　金 | 10,000 |
|---|---|---|---|

04) 額面金額で償還

---

**研究　社債の償却原価法はどうして利息法が原則なのか**

　利息は本来、社債の残高に対して発生するものであるため、社債の残高が多ければ利息は多くなり、社債の残高が少なくなれば利息も少なくなるべきだからです。定額法だと、利息の発生の実態を表さないからです。

## 問題1　新株発行と自己株式の処分　　重要度 B

　以下の取引において、自己株式 200 株の帳簿価額が (1) 1,500 円、(2) 3,000 円の場合の仕訳をそれぞれ示しなさい。

・　株式 1,000 株の募集を行い、総額 10,000 円の払込みを受け当座預金とした。

・　1,000 株のうち 800 株は新株を発行し、200 株は自己株式を交付した。

・　資本金計上額は、会社法規定の最低額とする。

## ➤ポイント

資本金計上額を会社法規定の最低額とする場合

自己株式処分差益：その他資本剰余金で処理

$$資本金計上額＝払込金額 \times \frac{新株発行数}{交付株式数} \times \frac{1}{2}$$

自己株式処分差損：払込金額から控除

$$資本金計上額＝(払込金額 \times \frac{新株発行数}{交付株式数} － 処分差損) \times \frac{1}{2}$$

　自己株式処分差損は、資本の払戻しとしての性質があります。株式を発行し、貸方の資本の払込みとしての資本金と、借方の払戻しとしてのその他資本剰余金が同時に計上されるのは適切でないため、処分差損は、払込金額から控除します。

**仕訳**

(1) 自己株式の帳簿価額が 1,500 円の場合

| (借)当 座 預 金 | 10,000 | (貸)資　　本　　金 | 4,000 [02] |
|---|---|---|---|
| | | 資 本 準 備 金 | 4,000 [02] |
| | | 自 己 株 式 | 1,500 |
| | | その他資本剰余金 | 500 [01] |

01) $10,000 \text{円} \times \dfrac{200\,\text{株}}{1,000\,\text{株}} = 2,000\,\text{円}$　$2,000\,\text{円} - 1,500\,\text{円} = 500\,\text{円}$（処分差益）

02) $10,000\,\text{円} \times \dfrac{800\,\text{株}}{1,000\,\text{株}} = 8,000\,\text{円}$　$8,000\,\text{円} \times \dfrac{1}{2} = 4,000\,\text{円}$

(2) 自己株式の帳簿価額が 3,000 円の場合

| (借)当 座 預 金 | 10,000 | (貸)資　　本　　金 | 3,500 [03] |
|---|---|---|---|
| | | 資 本 準 備 金 | 3,500 [03] |
| | | 自 己 株 式 | 3,000 |

03) $10,000\,\text{円} \times \dfrac{200\,\text{株}}{1,000\,\text{株}} = 2,000\,\text{円}$　$2,000\,\text{円} - 3,000\,\text{円} = \triangle 1,000\,\text{円}$（処分差損）

$(8,000\,\text{円} - 1,000\,\text{円}) \times \dfrac{1}{2} = 3,500\,\text{円}$

---

**研究　ROE（自己資本利益率）を上げるには**

　自己資本利益率は企業の自己資本に対する当期純利益の割合であり、自己資本をどれだけ有効に活用して利益を上げているかを示す指標です。ＲＯＥを上げるため自己株式の取得が行われることがあります。

当社は、×1年4月1日に以下の転換社債型新株予約権付社債を発行した。×2年4月1日の権利行使時の仕訳を区分法により示しなさい。

・　額面総額 10,000 円、額面 100 円につき 100 円で発行、
　社債部分の払込金額@ 95 円、新株予約権の払込金額@ 5円
　（100 個発行）
　新株予約権 1 個につき 10 株発行する。社債の償還期限 5 年、
　利率は 0 ％、 償却原価法（定額法）を適用する。

・　×2年4月1日に新株予約権の全てについて株式への転換請求がされ、株式交付数 1,000 株のうち 800 株について新株を発行するとともに、200 株について保有していた自己株式（簿価 1,500 円）を交付した。資本金計上額は、会社法規定の最低額とする。

➤ **ポイント**

　新株発行と自己株式の処分を行った場合の処理と基本的に同じです。相違点は、社債の償却原価と新株予約権の合計額を、新株発行分と自己株式分に分ける点です。

**仕訳** ▸

| （借）社　　　　　債 | 9,600 [01] | （貸）資　　本　　金 | 4,040 [03] |
|---|---|---|---|
| 　　新 株 予 約 権 | 500 | 　　資 本 準 備 金 | 4,040 [03] |
| | | 　　自 己 株 式 | 1,500 |
| | | 　　その他資本剰余金 | 520 [02] |

01) $9,500 円 + （10,000 円 - 9,500 円）\times \dfrac{12 カ月}{60 カ月} = 9,600 円$

02) $（9,600 円 + 500 円）\times \dfrac{200 株}{1,000 株} = 2,020 円$（処分対価）

　　$2,020 円 - 1,500 円 = 520 円$（処分差益）

03) $（9,600 円 + 500 円）\times \dfrac{800 株}{1,000 株} = 8,080 円$　　$8,080 円 \times \dfrac{1}{2} = 4,040 円$

| 問題3 | 合併と自己株式の処分 | 重要度 B |

次の資料にもとづき、合併受入仕訳を示しなさい。

- A社は、以下の財政状態にあるB社を吸収合併する。この合併における取得企業はA社である。
- B社株主に対してA社株式3,000株を交付したが、そのうち100株は自己株式（帳簿価額1,000円）を処分し、残りは新株を発行した。
- A社株式の時価は@5円であり、払込資本のうち50%を資本金とし、残額を資本準備金とする。

貸 借 対 照 表

| B社 | | ×2年3月31日 | | | | （単位：円） |
|---|---|---|---|---|---|---|
| 諸 資 産 | 19,000 | | 諸 負 債 | | | 6,000 |
| | | | 資 本 金 | | | 13,000 |
| | 19,000 | | | | | 19,000 |

（注）諸資産の時価は20,000円、諸負債の時価は6,000円である。

▶ ポイント

合併における自己株式の処分

資本増加額＝取得企業の株式の時価×交付株式数－自己株式の簿価

通常の新株発行と自己株式の処分を行う場合と異なり、処分差益としてその他資本剰余金を計上しません。

合併の場合、合併契約で、増加する資本金、資本準備金、その他資本剰余金を自由に決められ、処分差益としてその他資本剰余金を別途、把握する必要がないからです。

仕訳 ▶

| （借）諸 資 産 | 20,000 | （貸）諸 負 債 | 6,000 |
|---|---|---|---|
| の れ ん | 1,000 [02] | 資 本 金 | 7,000 [01] |
| | | 資 本 準 備 金 | 7,000 [01] |
| | | 自 己 株 式 | 1,000 |

01）取得原価：@5円×3,000株＝15,000円

払込資本：15,000円－1,000円＝14,000円
　　　　　　　　　　自己株式

資本金（資本準備金）：14,000円×50%＝7,000円

02）のれんの算定　15,000円－(20,000円－6,000円)＝1,000円
　　　　　　　　　取得原価　資産・負債の純額(時価)

## 問題1　先物取引　　　　　　　　　　　重要度 B

次の取引に関する仕訳を示しなさい。

(1) ×2年2月1日
　　国債先物 10,000 円を額面@ 100 円につき@ 95 円で売建て、証拠金 500 円を現金で支払った。

(2) ×2年3月31日
　　決算日の国債先物の時価は @ 97 円であった。

(3) ×2年4月1日
　　翌期首につき、先物取引の評価差額を振り戻す。

(4) ×2年5月18日
　　反対売買を行い、差金は現金で決済した。なお、同日の国債先物の時価は@ 98 円であった。また、証拠金 500 円が現金で返還された。

### ▶ ポイント

先物取引

買建て（将来一定価格で買う約束）

決算時の先物時価 − 先物予約価格 =
- ⊕　利益　安く予約できた
- ⊖　損失　もっと安く買えた

売建て（将来一定価格で売る約束）

先物予約価格 − 決算時の先物時価 =
- ⊕　利益　高く予約できた
- ⊖　損失　もっと高く売れた

決算時の時価評価で、利益と損失を間違えないことがポイントです。
　買建ては、資産の評価と同じで時価が上がれば利益、下がれば損失、売建ては、買建てと利益、損失が逆になります。

**仕 訳** ▶

(1) ×2年2月1日

(借)先物取引差入証拠金　　500　（貸)現　　　　　金　　500

(2) ×2年3月31日

(借)先物取引損益　　200 [01]（貸)先物取引差金　　200

01) $10,000 円 \times \dfrac{@\,95 円 - @\,97 円}{@\,100 円} = \triangle 200 円$

　　この時点では、本来は@97円でも売れる国債を@95円で売らなければならない
ため、200円の損失が生じます。

(3) ×2年4月1日

(借)先物取引差金　　200　　（貸)先物取引損益　　200

(4) ×2年5月18日

(借)現　　　　　金　　500　　（貸)先物取引差入証拠金　　500
(借)先物取引損益　　300　　（貸)現　　　　　金　　300 [02]

02) $10,000 円 \times \dfrac{@\,95 円 - @\,98 円}{@\,100 円} = \triangle 300 円$

**先物取引（ヘッジ会計）**   重要度 B

次の取引に関する仕訳を示しなさい。なお、その他有価証券は全部純資産直入法を採用する。ヘッジ会計は、①繰延ヘッジ、②時価ヘッジを採用した場合の決算時の仕訳をそれぞれ示しなさい。

(1)　×2年2月1日

国債100口を額面@100円につき@97円で購入し、代金は現金で支払った。この国債はその他有価証券として保有する。あわせて、時価の変動のリスクをヘッジする目的で国債先物 10,000円を額面@100円につき@98円で売建て、証拠金として500円を現金で支払った。

(2)　×2年3月31日

決算日の国債現物の時価は@96円、国債先物の時価は@95円であった。

➤ポイント

繰延ヘッジ：ヘッジ手段の損益をヘッジ対象の損益に合わせる（原則）

　ヘッジ対象（その他有価証券）→ 評価差額を純資産直入

　ヘッジ手段（デリバティブ）　→ 評価差額を繰延べ（純資産）

時価ヘッジ：ヘッジ対象の損益をヘッジ手段の損益に合わせる（容認）

　ヘッジ対象（その他有価証券）→ 評価差額を損益計上

　ヘッジ手段（デリバティブ）　→ 評価差額を損益計上（原則処理）

1　ヘッジ会計では、ヘッジの効果を財務諸表に反映するために、ヘッジ対象とヘッジ手段の損益を同じ期間に計上します。

2　時価ヘッジではその他有価証券について全部純資産直入法を採用していても、評価損(益)を計上します。

**仕訳**

(1)　×2年2月1日

| (借) その他有価証券 | 9,700 | (貸) 現　　　　金 | 9,700 |
| (借) 先物取引差入証拠金 | 500 | (貸) 現　　　　金 | 500 |

(2)　決算時

①　繰延ヘッジ

| (借) その他有価証券評価差額金 | 100 [01] | (貸) その他有価証券 | 100 |
| (借) 先 物 取 引 差 金 | 300 [02] | (貸) 繰延ヘッジ損益 | 300 |

01)　(@96円 - @97円) × 100口 = △100円

02)　(@98円 - @95円) × 100口 = 300円

②　時価ヘッジ

| (借) 投資有価証券評価損 | 100 | (貸) その他有価証券 | 100 |
| (借) 先 物 取 引 差 金 | 300 | (貸) 先 物 取 引 損 益 | 300 |

次の取引の仕訳を示しなさい。決算時については、①ヘッジ会計（繰延ヘッジ）、②金利スワップの特例処理を採用した場合の仕訳をそれぞれ示しなさい。決算日は3月31日である。

(1) ×1年4月1日

A銀行から変動金利支払い（利払日は3月末日）の条件で10,000円を現金で借入れた。短期借入金で処理する。返済日は×3年3月31日である。

当社は今後の金利が上昇すると予測したため、B銀行と変動金利受取り・固定金利（年2％）支払いの金利スワップ契約（想定元本は10,000円、利息交換日は借入利息の支払日と同じ）を締結した。

(2) ×2年3月31日

B銀行と利息の授受を行うとともに、A銀行に利息を支払った。同日における変動金利は年3％であった。

(3) ×2年3月31日

決算時における金利スワップの時価は97円であった。

➤ **ポイント**

原則処理

　決算時に金利スワップを時価評価：評価差額は金利スワップ差損益

繰延ヘッジ

　決算時に金利スワップを時価評価：評価差額は繰延ヘッジ損益

特例処理

　仕訳なし

繰延ヘッジについて税効果を適用する場合は、その他有価証券と同様に繰延税金負債（資産）を引いた額を繰延ヘッジ損益とします。

なお、金利スワップの時価は将来キャッシュ・フローの純額(100円)を変動金利(3％)で割引くことにより計算できます。

**仕 訳** ▶

(1) 借入れ

| （借）現　　　　　金 | 10,000 | （貸）短 期 借 入 金 | 10,000 |

(2)① 利息の純額の受払い（B銀行）

| （借）現　　　　　金 | 100 [01] | （貸）支　払　利　息 | 100 |

01) 支払額：10,000 円 × 2 ％ = 200 円　受取額：10,000 × 3 ％ = 300 円

　　 300 円 − 200 円 = 100 円

② 変動金利支払い（A銀行）

| （借）支　払　利　息 | 300 [02] | （貸）現　　　　　金 | 300 |

02) 10,000 円 × 3 ％ = 300 円

(3) 決算時

① 繰延ヘッジ

| （借）金 利 ス ワ ッ プ | 97 | （貸）繰延ヘッジ損益 | 97 |

② 特例処理

　　金利スワップのうち、一定の条件を満たしたものについては決算時の時価評価を行わない特例処理も認められています。

　　この場合は利息の授受の処理だけを行い、決算時は「仕訳なし」となります。

## 仕 訳 な し

(1) A銀行より変動金利支払で借入れを行う。

　　B銀行と金利スワップの締結。

(2) B銀行に固定金利を支払い、変動金利を受け取る。

(3) A銀行に変動金利を支払う。

**オプション取引**　　　　　　　　　　　　**重要度 B**

　次の取引に関する仕訳を示しなさい。

(1)　×2年2月1日

　　投機目的で、今後の株価上昇が見込まれるC社株式のコール・オプション（権利行使価格@100円で100株を購入できる権利）を900円で購入し、現金で支払った。権利行使期日は×3年8月末日である。

(2)　×2年3月31日

　　決算日におけるC社株式のコール・オプションの価値（時価）は、1,200円であった。

**➤ポイント**

> コール・オプションの購入
>
> 　期末時価 − 購入価額 ＝ ⊕　利益
>
> 　　　　　　　　　　　　 ⊖　損失

　オプションについて会計士試験レベルの難解な問題が146回で出題されていますが、できなくても合否に影響が無いため、本書では扱っていません。決算時にオプションを時価評価する点を押さえれば、十分です。

**仕訳**　▶

(1)　×2年2月1日

　（借）オプション資産　　900　（貸）現　　　　　金　　900

(2)　×2年3月31日

　（借）オプション資産　　300　（貸）オプション差損益　300 [01]

　01）1,200円 − 900円 = 300円

**研 究** ▷ デリバティブ取引の会計処理

デリバティブ取引の会計処理を整理すると、次のようになります。

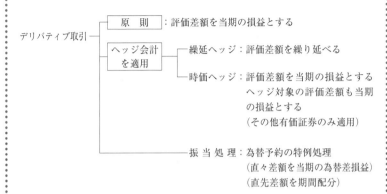

デリバティブ取引 ─┬─ 原　則 ：評価差額を当期の損益とする

　　　　　　　　　├─ ヘッジ会計を適用 ─┬─ 繰延ヘッジ：評価差額を繰り延べる

　　　　　　　　　│　　　　　　　　　　└─ 時価ヘッジ：評価差額を当期の損益とする
　　　　　　　　　│　　　　　　　　　　　　　　　　　ヘッジ対象の評価差額も当期
　　　　　　　　　│　　　　　　　　　　　　　　　　　の損益とする
　　　　　　　　　│　　　　　　　　　　　　　　　　　（その他有価証券のみ適用）

　　　　　　　　　└─ 振 当 処 理：為替予約の特例処理
　　　　　　　　　　　　　　　　　　（直々差額を当期の為替差損益）
　　　　　　　　　　　　　　　　　　（直先差額を期間配分）

## 問題 1　外貨建その他有価証券（債券）　　重要度 B

　次の資料により、その他有価証券（債券）について(1)原則処理、(2)容認処理を採用した場合の決算整理仕訳をそれぞれ示しなさい。

　その他有価証券は当期に取得したものであり、全部純資産直入法を採用している。

| 銘　　柄 | 取得原価 | 取得時レート | 期末時価 | 決算時レート |
|---|---|---|---|---|
| A社社債 | 10 ドル | 1 ドル 100 円 | 12 ドル | 1 ドル 110 円 |

► ポイント

　その他有価証券　債券(容認処理)

① 　為替差損益：

　　(決算時レート－取得時レート)×取得原価

② 　その他有価証券評価差額金：

　　(時　　価－取得原価)×決算時レート

1 　有価証券の処理に従い、原則として、評価差額の全額をその他有価証券評価差額金とします。

2 　債券は償還期限が到来すれば償還される点で債権と似ているため、価格変動分と為替変動分に分解し、為替変動分を為替差損益とすることが認められています。

　　そのため、為替変動分は、価格変動を含めない取得原価をもとに計算します。

**仕訳**

(1) 原則処理の場合

(借)その他有価証券　　320　　(貸)その他有価証券評価差額金　　320 <sup>01)</sup>

01) 12ドル×110円－10ドル×100円＝320円

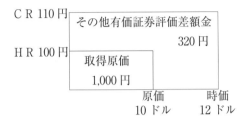

(2) 容認処理の場合

(借)その他有価証券　　320　　(貸)その他有価証券評価差額金　　220 <sup>02)</sup>
　　　　　　　　　　　　　　　　　　為 替 差 損 益　　100 <sup>03)</sup>

02)（12ドル－10ドル）×110円＝220円

03)（110円－100円）×10ドル＝100円

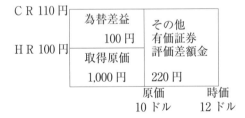

**外貨建満期保有目的債券（利息法）**　　**重要度　B**

　次の資料にもとづいて、×2年3月31日の償却原価法と換算の仕訳を示しなさい。決算日は3月31日である。社債利札は当座預金口座に振込まれる。

・　当社は、×1年4月1日に満期保有目的でA社社債（額面金額2,000ドル）を1,800ドルで取得した。満期日は×6年3月31日、利払日は3月末日、クーポン利子率は年2％。

・　額面金額と取得価額の差額は金利の調整と認められ、実効利子率年4％として償却原価法（利息法）を適用する。

・　為替相場は、1ドルあたり取得時95円、期中平均100円、当期末105円である。

## ➤ポイント

　外貨建満期保有目的債券
①　外貨建償却額
　　利 息 配 分 額＝外貨建取得原価＊×実効利子率
　　利 札 受 取 額＝外貨建額面金額×券面利子率
　　外貨建償却額＝利息配分額－利札受取額
②　円貨建償却額＝外貨建償却額×期中平均レート
③　為 替 差 損 益＝償却原価×決算時レート－（取得原価＋円貨建償却額）
　　＊2回目以降の償却では、「外貨建償却原価」となります。

　基本的な計算は、円建の利息法と同じです。外貨で償却額を計算し、期中レートで換算し、為替差損益を計上するだけです。難しく考えすぎないようにしましょう。

**仕訳**

(借) 当 座 預 金　4,200 (02)　(貸) 有 価 証 券 利 息　7,400 (03)

　　 満期保有目的債券　3,200 (01)

(借) 満期保有目的債券　18,160 (04)　(貸) 為 替 差 損 益　18,160

01) 利息配分額：1,800 ドル × 4 % = 72 ドル

　　 利札受取額：2,000 ドル × 2 % = 40 ドル

　　 外貨建償却額：72 ドル − 40 ドル = 32 ドル

　　 32 ドル × 100 円（期中平均）= 3,200 円

02) 40 ドル × 105 円（取引時）= 4,200 円

03) 4,200 円 + 3,200 円 = 7,400 円

04) (1,800 ドル + 32 ドル) × 105 円 − (1,800 ドル × 95 円 + 3,200 円) = 18,160 円（差益）
　　 $\underbrace{\phantom{(1,800ドル+32ドル)}}_{外貨建償却原価}$　$\underbrace{\phantom{105円}}_{決算時}$　$\underbrace{\phantom{(1,800ドル×95円+3,200円)}}_{円貨建て償却原価}$

**参考** 定額法の場合

(借) 当 座 預 金　4,200　(貸) 有 価 証 券 利 息　4,200

(借) 満期保有目的債券　4,000 (05)　(貸) 有 価 証 券 利 息　4,000

(借) 満期保有目的債券　18,200 (06)　(貸) 為 替 差 損 益　18,200

05) (2,000 ドル − 1,800 ドル) × $\dfrac{12\,カ月}{60\,カ月}$ = 40 ドル　40 ドル × 100 円 = 4,000 円

06) (1,800 ドル + 40 ドル) × 105 円 − (1,800 ドル × 95 円 + 4,000 円) = 18,200 円（差益）

次の取引の仕訳を示しなさい。為替予約は独立処理による。

(1) ×1年1月10日
　　商品10ドルを掛けで販売した。売掛金の決済日は4月10日である。

(2) ×1年2月1日
　　売掛金10ドルにつき、為替予約（売予約）を行った。

(3) ×1年3月31日
　　決算日のため、必要な処理を行う。
　　先物為替相場は、各日付における4月10日に見込まれる為替相場である。

| 日　付 | 直物為替相場 | 先物為替相場 |
|---|---|---|
| ×1年1月10日 | 115円 | 113円 |
| ×1年2月 1日 | 114円 | 111円 |
| ×1年3月31日 | 110円 | 108円 |

## ►ポイント

　独立処理では、債権・債務の換算と、デリバティブ（為替予約）の時価評価を分けて行います。売予約の場合、負債の評価と同様に、評価差額のプラス・マイナスが逆になる点に注意しましょう。

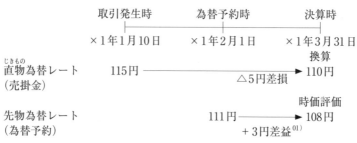

01）もし決算日に為替予約をしていたら1ドル108円で売ることになっていたので、1
　　ドルあたり3円得したと考えます。

**仕 訳** ▶

(1) 取引発生時

(借) 売　掛　金　1,150 <sup>02)</sup> (貸) 売　　　　上　1,150

02) 10 ドル × 115 円 = 1,150 円

(2) 為替予約時

**仕　訳　な　し**

(3) 決算時

① 売掛金の換算

(借) 為 替 差 損 益　50 <sup>03)</sup> (貸) 売　掛　金　50

03) (110 円 − 115 円) × 10 ドル = △ 50 円

② デリバティブの時価評価

(借) 為 替 予 約　30　(貸) 為 替 差 損 益　30 <sup>04)</sup>

04) (111 円 − 108 円) × 10 ドル = 30 円

---

**研 究** ▶　**2級のやり方は、振当処理の簡便法**

取引発生後に為替予約を行った場合に、その時点での差額をすべて為替差損益としていた2級の処理は、振当処理の簡便法にあたります。

1級では、同じ振当処理でも、為替差損益を予約時から決済時までの期間に配分し、より正確に期間損益を計算することになります。

次の取引の仕訳を示しなさい。為替予約は振当処理により、ヘッジ会計を適用する。

(1) ×1年2月1日

　×1年4月10日に予定されている商品の販売代金10ドルにつき、売予約による為替予約を行った。

(2) ×1年3月31日

　決算日のため、必要な処理を行う。

　先物為替相場は、各日付における4月10日に見込まれる為替相場である。

| 日　付 | 直物為替相場 | 先物為替相場 |
|---|---|---|
| ×1年2月 1日 | 114円 | 111円 |
| ×1年3月31日 | 110円 | 108円 |

➤ ポイント

　予定取引では、振当処理を採用しても振り当てる債権・債務がまだ発生していないため、為替予約の仕訳だけをせざるを得ません。また、ヘッジ会計を適用するので、為替差損益を繰り延べます。

為替予約時　　　　　　　　決算時

×1年　　　　　　　　　　×1年
2月1日　　　　　　　　　3月31日

先物為替レート　　　111円――――→108円
（為替予約）

仕 訳

(1) 為替予約時

仕 訳 な し

(2) 決算時

(借) 為 替 予 約 　　30 　　(貸) 繰延ヘッジ損益 　　30 (01)

01) （111円 − 108円）× 10ドル = 30円

144

## 問題 1　圧縮記帳（直接減額方式）　　　重要度 B

　以下の取引の仕訳を示しなさい。

(1)　期首に国庫補助金 1,000 円を現金で受取った。
(2)　ただちに備品を 6,000 円で購入し、代金は現金で支払った。
(3)　取得した備品につき、国庫補助金相当額の圧縮記帳を直接減額方式により行った。
(4)　備品の減価償却を行った。定額法、耐用年数：10 年、残存価額：ゼロ、間接法による。

### ►ポイント

　圧縮記帳（直接減額方式）
・　固定資産圧縮損を計上
・　減価償却費（定額法）＝圧縮後の簿価をもとに行う。

　圧縮記帳には、利益の圧縮の側面と、資産の圧縮の側面があります。利益の圧縮は、借方の固定資産圧縮損であり、資産の圧縮は貸方の固定資産を指します。

### 仕訳 ►

(1)　国庫補助金の受取り

| （借）現 | 金 | 1,000 | （貸）国庫補助金受贈益 | 1,000 |

(2)　固定資産の取得

| （借）備 | 品 | 6,000 | （貸）現 | 金 | 6,000 |

(3)　圧縮記帳

| （借）固定資産圧縮損 [01] | 1,000 | （貸）備 | 品 | 1,000 |

01）圧縮損の計上により課税所得が減少し、国庫補助金に対する課税が繰延べられます。

(4)　減価償却

| （借）減 価 償 却 費 | 500 [02] | （貸）備品減価償却累計額 | 500 |

02）（6,000 円 − 1,000 円）÷ 10 年 = 500 円

　　減価償却費が 100 円少なくなることにより課税所得が増加し、国庫補助金は耐用年数にわたり課税されます。

以下の各取引の仕訳を示しなさい。

(1)　期首に国庫補助金 1,000 円を現金で受取った。

(2)　ただちに備品を 6,000 円で購入し、代金は現金で支払った。

(3)　取得した備品につき、国庫補助金相当額の圧縮記帳を積立金方式により行う。圧縮積立金を積み立てるとともに、当期分の取崩しを行った。法定実効税率を 30％として税効果会計を適用する。

(4)　備品の減価償却を行った。定額法、耐用年数：10 年、残存価額：ゼロ、間接法による。

► ポイント

> 圧縮記帳（積立金方式）
>
> ・圧縮積立金を計上
>
> ・減価償却費（定額法）＝取得原価をもとに行う。

1　圧縮積立金の積立てが、税務上の費用（損金）として認められ（減算）、それにより将来加算一時差異が発生します。

2　また、圧縮積立金は、固定資産の耐用年数にわたり取崩しますが、減価償却方法が定率法の場合、取崩しも定率法の割合に従って行います。

**仕 訳** ▶

(1) 国庫補助金の受取り

（借）現　　　　　金　1,000　（貸）国庫補助金受贈益　1,000

(2) 固定資産の取得

（借）備　　　　　品　6,000　（貸）現　　　　　金　6,000

(3)①圧縮積立金の積立て

　　国庫補助金受贈益 1,000 円（収益）と法人税等調整額 300 円（費用）による利益への影響額は 700 円であり、これを圧縮するために 700 円の圧縮積立金を積み立てます。

（借）繰越利益剰余金　700 [02]（貸）圧 縮 積 立 金　700
（借）法人税等調整額　300 [01]（貸）繰 延 税 金 負 債　300

01) 1,000 円 × 30% = 300 円

02) 1,000 円 − 300 円 = 700 円

②圧縮積立金の取崩し

　　取崩し額が益金算入され、耐用年数にわたり課税所得が増加し、耐用年数にわたり課税されます。

（借）圧 縮 積 立 金　70 [04]（貸）繰越利益剰余金　70
（借）繰 延 税 金 負 債　30 [03]（貸）法人税等調整額　30

03) 1,000 円 ÷ 10 年 = 100 円　100 円 × 30% = 30 円

04) 100 円 − 30 円 = 70 円

(4) 減価償却

（借）減 価 償 却 費　600 [05]（貸）備品減価償却累計額　600

05) 6,000 円 ÷ 10 年 = 600 円

## 問題 1　会計方針の変更　　重要度 B

当社は当期（×3期）決算において、商品の評価方法を総平均法から先入先出法に変更したため、遡及適用を行う。以下の資料にもとづき、遡及適用による当期の帳簿上の仕訳を示しなさい。

それぞれの評価方法を適用した場合の各金額（単位：円）

(1)　前々期（×1期）

|  | 期首商品 | 仕入高 | 売上原価 | 期末商品 |
|---|---|---|---|---|
| 総平均法 | 0 | 2,000 | 1,500 | 500 |
| 先入先出法 | 0 | 2,000 | 1,400 | 600 |

(2)　前期（×2期）

|  | 期首商品 | 仕入高 | 売上原価 | 期末商品 |
|---|---|---|---|---|
| 総平均法 | 500 | 3,800 | 3,500 | 800 |
| 先入先出法 | 600 | 3,800 | 3,400 | 1,000 |

## ➤ポイント

1　遡及適用により、財務諸表の期間比較と企業間の比較ができ、財務諸表利用者の意思決定に役立ちます。

2　会計方針の変更による利益への累積的影響額は、資産の差額として現れます。×1期と×2期で100円ずつ売上原価が減少することにより、利益が累計で200円増加するとともに、商品も200円増加しています。

**仕訳**　▶

$$（借）繰　越　商　品　　200　　（貸）繰越利益剰余金^{01}　　200$$

売上原価

01）過去の累積的影響額を当期の損益とすると、当期の業績に関連のない損益が計上
され望ましくないため、繰越利益剰余金を修正します。

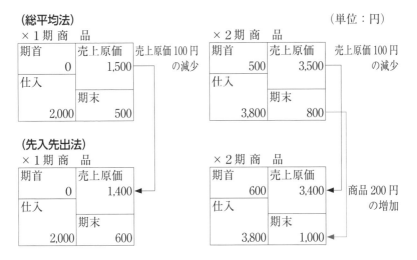

（総平均法）　　　　　　　　　　　　　　　　　　（単位：円）

×1期 商　品

| 期首 | 売上原価 | 売上原価100円 |
| 0 | 1,500 | の減少 |
| 仕入 | 期末 | |
| 2,000 | 500 | |

×2期 商　品

| 期首 | 売上原価 | 売上原価100円 |
| 500 | 3,500 | の減少 |
| 仕入 | 期末 | |
| 3,800 | 800 | |

（先入先出法）

×1期 商　品

| 期首 | 売上原価 |
| 0 | 1,400 |
| 仕入 | 期末 |
| 2,000 | 600 |

×2期 商　品

| 期首 | 売上原価 | |
| 600 | 3,400 | 商品200円 |
| 仕入 | 期末 | の増加 |
| 3,800 | 1,000 | |

　2期分をまとめたBOX図を作ると次のようになります。

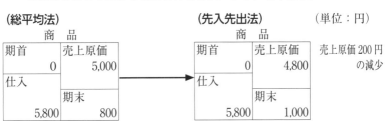

（総平均法）　　　　　　　　　　（先入先出法）　　　　（単位：円）

商　品

| 期首 | 売上原価 |
| 0 | 5,000 |
| 仕入 | 期末 |
| 5,800 | 800 |

商　品

| 期首 | 売上原価 | 売上原価200円 |
| 0 | 4,800 | の減少 |
| 仕入 | 期末 | |
| 5,800 | 1,000 | |

　仕入額はどの会計方針でも変化しません。

　次の取引について、×2期の(1)誤謬の訂正と(2)減価償却の仕訳を示しなさい。

・　×1期（前期）の期首に取得した備品（取得原価10,000円）について、定額法、耐用年数10年、残存価額：ゼロ、間接法により償却している。

・　×2期（当期）において、備品の耐用年数は8年であることが判明した。これは取得時における耐用年数の見積り誤りが原因であった。

▶ポイント

　誤謬の訂正（修正再表示）

　　過年度の費用・収益の修正は、繰越利益剰余金で処理

　誤謬の訂正は、適正な状態にするという点では会計方針の変更と同じであるため、処理も似ています。

仕訳

(1)　誤謬の訂正

（借）繰越利益剰余金　　　250 01)（貸）備品減価償却累計額　　250
　　　　減価償却費

01)　誤った減価償却費：10,000円 ÷ 10年 = 1,000円

　　　正しい減価償却費：10,000円 ÷ 8年 = 1,250円

　　　修正額：1,250円 − 1,000円 = 250円

(2)　当期の減価償却

（借）減 価 償 却 費　　　1,250 02)（貸）備品減価償却累計額　　1,250

02)　10,000円 ÷ 8年 = 1,250円

| 問題3 | 会計上の見積りの変更 | 重要度 B |

次の取引について、×2期の減価償却の仕訳を示しなさい。

・　×1期（前期）の期首に取得した備品（取得原価 10,000 円）について、定額法、耐用年数 10 年、残存価額：ゼロ、間接法により償却している。
・　×2期（当期）の期首において、備品の当期首からの残存耐用年数は6年であることが判明した。これは当期の状況の変化が原因であった。

**ポイント**

会計上の見積りの変更

　帳簿価額を残存耐用年数で配分

　本試験では、有形固定資産と自社利用目的のソフトウェアの耐用年数の変更がよく出題されています。

**仕訳**

（借）減 価 償 却 費　1,500 [01]（貸）備品減価償却累計額　1,500

01) 減価償却累計額：10,000 円 ÷ 10 年 = 1,000 円

　　（10,000 円 − 1,000 円）÷ 6 年 = 1,500 円

---

**☆会計基準☆**

「会計上の見積り」とは、資産及び負債や収益及び費用等の額に不確実性がある場合において、財務諸表作成時に入手可能な情報に基づいて、その合理的な金額を算出することをいう。

　会計上の見積りの変更は、当該変更が変更期間のみに影響する場合には、当該変更期間に会計処理を行い、当該変更が将来の期間にも影響する場合には、将来にわたり会計処理を行う。

　　　　　「会計方針の開示、会計上の変更及び誤謬の訂正に関する会計基準　4(3)、17」

| 問題1 | 合併 | | 重要度 | B |

P社は、×1年3月末にS社を合併した。合併の仕訳を示しなさい。P社が取得企業で、S社株主に交付するP社株式の合併比率は、P社：1.0　S社：0.6とする。

P社　　　　　　　　貸借対照表　　　　　（単位：千円）

| 現 金 預 金 | 19,000 | 諸　　負　　債 | 24,000 |
|---|---|---|---|
| 投資有価証券 | 3,000 | 資　　本　　金 | 25,000 |
| そ の 他 資 産 | 37,000 | その他資本剰余金 | 3,000 |
| | | 繰越利益剰余金 | 6,000 |
| | | その他有価証券評価差額金 | 1,000 |
| | 59,000 | | 59,000 |

S社　　　　　　　　貸借対照表　　　　　（単位：千円）

| 現 金 預 金 | 6,600 | 諸　　負　　債 | 14,000 |
|---|---|---|---|
| 投資有価証券 | 5,000 | 資　　本　　金 | 7,500 |
| そ の 他 資 産 | 11,500 | その他資本剰余金 | 800 |
| | | 繰越利益剰余金 | 600 |
| | | その他有価証券評価差額金 | 200 |
| | 23,100 | | 23,100 |

・　S社のその他資産の時価は12,000千円で、諸負債の時価は簿価と一致している。

(1)　S社の発行済株式総数は4,000株で、×1年3月31日のP社株式の時価は@5千円である。

(2)　P社の投資有価証券は甲社株式、S社の投資有価証券は乙社株式であり、いずれもその他有価証券である。

(3)　純資産増加額の2分の1を資本金とし、残額をその他資本剰余金とする。

➤ ポイント

$$\underbrace{\text{取得企業の株式の時価×交付株式数}}_{\text{取得原価}} - \underbrace{(\text{受入資産時価} - \text{受入負債時価})}_{\text{受入純資産額}} = \begin{cases} \oplus \text{のれん} \\ \ominus \text{負ののれん発生益} \end{cases}$$

1　のれんは、企業や事業の取得に際し、受け入れた資産・負債の時価よりも高く買った場合の差額です。

2　負ののれん発生益は、企業や事業を時価よりも安く買え臨時に利益が生じたと考え、特別利益の区分に表示します。

### 仕訳 ▶

被取得企業の取得原価は、P社がS社株主に対して交付した株式の時価とします。なお、取得企業は、**被取得企業のその他有価証券評価差額金を引継ぎません。**

交付株式数：4,000 株 × 0.6 = 2,400 株

取得原価：@5 千円 × 2,400 株 = 12,000 千円

| (借) | 現　金　預　金 | 6,600 | (貸) | 諸　　負　　債 | 14,000 |
|---|---|---|---|---|---|
| | 投 資 有 価 証 券 | 5,000 | | 資　　本　　金 | 6,000 [02] |
| | そ の 他 資 産 | 12,000 | | その他資本剰余金 | 6,000 [02] |
| | の　　れ　　ん | 2,400 [01] | | | |

01）12,000 千円 −（6,600 千円 + 5,000 千円 + 12,000 千円 − 14,000 千円）= 2,400 千円

02）12,000 千円 ÷ 2 = 6,000 千円

合併後のP社の貸借対照表

P社　　　　　　　　　　貸 借 対 照 表　　　　　　（単位：千円）

| 現 金 預 金 | 25,600 | 諸　　負　　債 | 38,000 |
|---|---|---|---|
| 投 資 有 価 証 券 | 8,000 | 資　　本　　金 | 31,000 |
| そ の 他 資 産 | 49,000 | その他資本剰余金 | 9,000 |
| の　　れ　　ん | 2,400 | 繰越利益剰余金 | 6,000 |
| | | その他有価証券評価差額金 | 1,000 |
| | 85,000 | | 85,000 |

### 参考　企業結合の基本的な考え方

企業結合では、ある企業が他の企業、または他の企業を構成する事業に対する支配を獲得したときには、パーチェス法により処理します。

パーチェス法とは、被取得企業の資産と負債を時価で受け入れ、交付した株式の時価だけ株主資本を増加させる方法をいいます。

P社は、×1年3月末にS社株主と株式交換を実施した。個別上の仕訳と、連結修正仕訳を示しなさい。P社が取得企業で、S社株主に交付するP社株式の交換比率は、P社：1.0　S社：0.6とする。

| P社 | 貸借対照表 | | (単位：千円) |
|---|---|---|---|
| 現 金 預 金 | 19,000 | 諸　　負　　債 | 24,000 |
| 投資有価証券 | 3,000 | 資　　本　　金 | 25,000 |
| その他資産 | 37,000 | その他資本剰余金 | 3,000 |
| | | 繰越利益剰余金 | 6,000 |
| | | その他有価証券評価差額金 | 1,000 |
| | 59,000 | | 59,000 |

| S社 | 貸借対照表 | | (単位：千円) |
|---|---|---|---|
| 現 金 預 金 | 6,600 | 諸　　負　　債 | 14,000 |
| 投資有価証券 | 5,000 | 資　　本　　金 | 7,500 |
| その他資産 | 11,500 | その他資本剰余金 | 800 |
| | | 繰越利益剰余金 | 600 |
| | | その他有価証券評価差額金 | 200 |
| | 23,100 | | 23,100 |

- S社のその他資産の時価は12,000千円で、諸負債の時価は簿価と一致している。

(1) S社の発行済株式総数は4,000株で、×1年3月31日のP社株式の時価は@5千円である。

(2) P社の投資有価証券は甲社株式、S社の投資有価証券は乙社株式であり、いずれもその他有価証券である。

(3) 純資産増加額の2分の1を資本金、残額をその他資本剰余金とする。

▶ポイント

子会社株式の取得原価＝取得企業の株式の時価×交付株式数

仕訳 ▶

### 1. 個別上の仕訳（P社）

子会社株式の取得原価：@5千円×2,400株＝12,000千円

(借) S 社 株 式　12,000　(貸)資　　本　　金　6,000 01)

その他資本剰余金　6,000 01)

01) 12,000 千円 ÷ 2 = 6,000 千円

| P社 | 貸借対照表 | （単位：千円） | |
|---|---|---|---|
| 現 金 預 金 | 19,000 | 諸 　 負 　 債 | 24,000 |
| 投 資 有 価 証 券 | 3,000 | 資 　 本 　 金 | 31,000 |
| そ の 他 資 産 | 37,000 | その他資本剰余金 | 9,000 |
| S 　 社 　 株 　 式 | 12,000 | 繰越利益剰余金 | 6,000 |
| | | その他有価証券評価差額金 | 1,000 |
| | 71,000 | | 71,000 |

## 2．連結修正仕訳

### (1) 資産・負債の時価評価

(借)そ の 他 資 産　500　(貸)評 　 価 　 差 　 額　500 02)

02) 12,000 千円 − 11,500 千円 = 500 千円

### (2) 投資と資本の相殺消去

子会社のその他有価証券評価差額金も含めて相殺します。

(借)資 　 本 　 金　7,500　(貸)S 　 社 　 株 　 式　12,000

資 本 剰 余 金　800

利 益 剰 余 金　600

その他有価証券評価差額金　200

評 　 価 　 差 　 額　500

の 　 れ 　 ん　2,400 03)

03) 12,000 千円 −（7,500 千円 + 800 千円 + 600 千円 + 200 千円 + 500 千円）= 2,400 千円

| P社 | 連結貸借対照表 | （単位：千円） | |
|---|---|---|---|
| 現 金 預 金 | 25,600 | 諸 　 負 　 債 | 38,000 |
| 投 資 有 価 証 券 | 8,000 | 資 　 本 　 金 | 31,000 |
| そ の 他 資 産 | 49,000 | 資 本 剰 余 金 | 9,000 |
| の 　 れ 　 ん | 2,400 | 利 益 剰 余 金 | 6,000 |
| | | その他有価証券評価差額金 | 1,000 |
| | 85,000 | | 85,000 |

P社とS社は、×1年3月末に株式移転を行い、完全親会社となるZ社を新設した。株式移転に係る個別上の仕訳と、連結修正仕訳を示しなさい。P社が取得企業で、Z社株式に対する株式の移転比率は、P社：1.0、S社：0.6とする。

| P社 | 貸借対照表 | | （単位：千円） |
|---|---|---|---|
| 現 金 預 金 | 19,000 | 諸　負　債 | 24,000 |
| 投資有価証券 | 3,000 | 資　本　金 | 25,000 |
| そ の 他 資 産 | 37,000 | その他資本剰余金 | 3,000 |
| | | 繰越利益剰余金 | 6,000 |
| | | その他有価証券評価差額金 | 1,000 |
| | 59,000 | | 59,000 |

| S社 | 貸借対照表 | | （単位：千円） |
|---|---|---|---|
| 現 金 預 金 | 6,600 | 諸　負　債 | 14,000 |
| 投資有価証券 | 5,000 | 資　本　金 | 7,500 |
| そ の 他 資 産 | 11,500 | その他資本剰余金 | 800 |
| | | 繰越利益剰余金 | 600 |
| | | その他有価証券評価差額金 | 200 |
| | 23,100 | | 23,100 |

・　S社のその他資産の時価は 12,000 千円で、諸負債の時価は簿価と一致している。

(1)　P社の発行済株式総数は 9,000 株、S社の発行済株式総数は 4,000 株で、×1年3月31日のP社株式の時価は@5千円である。

(2)　P社の投資有価証券は甲社株式、S社の投資有価証券は乙社株式であり、いずれもその他有価証券である。

(3)　純資産増加額の2分の1を資本金、残額をその他資本剰余金とする。

➤ ポイント

株式移転

① 取得企業の株式の取得原価　＝ 取得企業の株主資本の額（簿価）

② 被取得企業の株式の取得原価＝ 取得企業の株式の時価 × 交付株式数

**仕訳**

## 1．個別上の仕訳（Z社）

### (1) S社株式の取得原価

　　S社は被取得企業にあたるため、S社株式の取得原価は交付株式の時価とします。ただし、これから設立するZ社株式には時価がありません。

　　そこで、P社（取得企業）がS社株主にP社株式を交付したとみなして算定します。

　　交付株式数：4,000 株 × 0.6 = 2,400 株

　　取得原価：@5千円（P株時価）× 2,400 株 = 12,000 千円

### (2) P社株式の取得原価

　　P社は取得企業にあたるため、取得企業の株式の取得原価は、適正な帳簿価額による**株主資本の額**にもとづいて算定します。

　　そのため、**株主資本に該当しないその他有価証券評価差額金はP社株式の取得原価に含めません。**

　　25,000 千円 + 3,000 千円 + 6,000 千円 = 34,000 千円

| （借）P 社 株 式 | 34,000 | （貸）資 本 金 | 23,000 [01] |
|---|---|---|---|
| S 社 株 式 | 12,000 | その他資本剰余金 | 23,000 [01] |

01) （34,000 千円 + 12,000 千円）÷ 2 = 23,000 千円

株式移転後のZ社の貸借対照表

| Z社 | 貸 借 対 照 表 | | （単位：千円） |
|---|---|---|---|
| P 社 株 式 | 34,000 | 資 本 金 | 23,000 |
| S 社 株 式 | 12,000 | その他資本剰余金 | 23,000 |
| | 46,000 | | 46,000 |

## 2．連結修正仕訳

### (1) P社（取得企業）に係る仕訳

① 資産・負債の時価評価

取得企業の資産・負債については、時価評価を行いません。

仕 訳 な し

② 投資と資本の相殺消去

投資と資本（株主資本）のいずれも適正な帳簿価額を基礎とした金額であるため、のれんは発生しません。

**取得企業（P社）のその他有価証券評価差額金は消去しないため、連結B／S上、残ります。**

| (借)資 本 金 | 25,000 | (貸)P 社 株 式 | 34,000 |
|---|---|---|---|
| 資 本 剰 余 金 | 3,000 | | |
| 利 益 剰 余 金 | 6,000 | | |

③ 取得企業の利益剰余金の引き継ぎ

連結財務諸表上、P社がS社を取得したと考え、取得企業（P社）の利益剰余金を引き継ぎます。ここで、投資と資本の相殺で取得企業の利益剰余金を減らしているため、貸方を利益剰余金とし、資本剰余金から振り替えます。

| (借)資 本 剰 余 金 | 6,000 | (貸)利 益 剰 余 金 | 6,000 |
|---|---|---|---|

### (2) S社（被取得企業）に係る仕訳

① 資産・負債の時価評価

| (借)そ の 他 資 産 | 500 | (貸)評 価 差 額 | 500 [02] |
|---|---|---|---|

02) 12,000千円 − 11,500千円 = 500千円

② 投資と資本の相殺消去

| (借)資 本 金 | 7,500 | (貸)S 社 株 式 | 12,000 |
|---|---|---|---|
| 資 本 剰 余 金 | 800 | | |
| 利 益 剰 余 金 | 600 | | |
| その他有価証券評価差額金 | 200 | | |
| 評 価 差 額 | 500 | | |
| の れ ん | 2,400 [03] | | |

03) 12,000千円 − （7,500千円 + 800千円 + 600千円 + 200千円 + 500千円） = 2,400千円

株式移転後のＺ社の連結貸借対照表

| Ｚ社 | 連結貸借対照表 | | （単位：千円） |
|---|---|---|---|
| 現　金　預　金 | 25,600 | 諸　　負　　債 | 38,000 |
| 投 資 有 価 証 券 | 8,000 | 資　　本　　金 | 23,000 |
| そ　の　他　資　産 | 49,000 | 資 本 剰 余 金 | 17,000 |
| の　　れ　　ん | 2,400 | 利 益 剰 余 金 | 6,000 |
| | | その他有価証券評価差額金 | 1,000 |
| | 85,000 | | 85,000 |

資　　本　　金：23,000 千円（Ｚ社資本金）

資 本 剰 余 金：23,000 千円 − 6,000 千円 = 17,000 千円

利 益 剰 余 金：6,000 千円（Ｐ社利益剰余金）

その他有価証券評価差額金：1,000 千円（Ｐ社その他有価証券評価差額金）

### 参考 個別と連結の科目名の違い

　その他資本剰余金は、連結貸借対照表上、資本準備金と合わせて資本剰余金として表示します。繰越利益剰余金は、連結貸借対照表上、利益準備金、任意積立金と合わせて利益剰余金として表示します。

　そのため、個別上と連結上で、仕訳をする際の科目名が異なっています。

A社は×2年3月31日にB社にa事業を移転した。次の資料にもとづき、以下の場合におけるA社の仕訳を示しなさい。事業分離日のB社株式の時価は@120円である。

(1) A社が移転した事業の対価として現金6,000円を受け取った場合。

(2) A社が移転した事業の対価としてB社株式50株を取得したが、B社が子会社または関連会社にならない場合。

貸借対照表

| A社 | ×2年3月31日 | | (単位：円) |
|---|---|---|---|
| a 事 業 資 産 | 8,000 | a 事 業 負 債 | 3,000 |
| その他資産 | 5,000 | その他負債 | 1,000 |
| | | 資 本 金 | 9,000 |
| | 13,000 | | 13,000 |

a事業資産の時価は8,100円であり、a事業負債の時価は3,000円である。

▶ポイント

事業分離（対価が現金の場合→投資の清算）

　移転損益：計上する

事業分離（対価が子会社株式・関連会社株式以外→投資の清算）

　①株式の取得原価：株式の時価　②移転損益：計上する

**仕訳**

(1) 対価が現金の場合

| (借) a 事 業 負 債 | 3,000 | (貸) a 事 業 資 産 | 8,000 |
|---|---|---|---|
| 現　　　　　金 | 6,000 | 事 業 移 転 損 益 | 1,000 [01] |

01) 6,000 円 −（8,000 円 − 3,000 円）= 1,000 円

(2) 対価がその他有価証券の場合

| (借) a 事 業 負 債 | 3,000 | (貸) a 事 業 資 産 | 8,000 |
|---|---|---|---|
| その他有価証券 | 6,000 | 事 業 移 転 損 益 | 1,000 [02] |

02) @ 120 円 × 500 株 −（8,000 円 − 3,000 円）= 1,000 円

P社は、×2年3月31日に甲事業資産と甲事業負債から構成される甲事業を分離してS社に移転した。

事業分離に係る個別上の仕訳と、連結修正仕訳を示しなさい。

(1) 事業移転直前の個別貸借対照表（単位：円）

| P社 | 貸借対照表 | | |
|---|---|---|---|
| 甲事業資産 | 30,000 | 甲事業負債 | 4,000 |
| その他資産 | 60,000 | その他負債 | 20,000 |
| | | 資　本　金 | 60,000 |
| | | 繰越利益剰余金 | 6,000 |
| | 90,000 | | 90,000 |

| S社 | 貸借対照表 | | |
|---|---|---|---|
| 諸　資　産 | 20,000 | 諸　負　債 | 4,000 |
| | | 資　本　金 | 11,000 |
| | | 繰越利益剰余金 | 5,000 |
| | 20,000 | | 20,000 |

(2) ×2年3月31日のS社の事業分離直前の諸資産の時価は22,000円で、諸負債の時価は帳簿価額と同額である。事業分離直前のS社の企業価値は19,000円である。

(3) 事業分離前のS社の発行済株式総数は100株で、S社は事業分離の対価として新たにS社株式150株を発行してP社に交付した。

事業分離時のS社の株価は1株につき190円である。

(4) 事業分離によりP社のS社に対する持株比率は60%となり、S社はP社の子会社となった。事業分離以前にP社はS社株式を保有していない。

(5) 甲事業を移転する際の甲事業資産の時価は32,000円で、甲事業負債の時価は帳簿価額と同額であった。事業分離直前の甲事業の事業価値は28,500円である。

(6) S社は増加する株主資本の全額を資本金とする。

▶ポイント

事業分離（対価が子会社株式・関連会社株式→投資の継続）

① 株式の取得原価：移転した事業の株主資本相当額

② 移転損益：計上しない

**仕訳**　▶

## 1．分離元企業（P社）の仕訳

（借）甲 事 業 負 債　　4,000　　（貸）甲 事 業 資 産　30,000
　　　　S 　社 　株 　式　26,000 [01]

01）30,000 円 − 4,000 円 = 26,000 円

## 2．分離先企業（S社）の仕訳

　　事業を取得した企業が支配されるため、逆取得に該当します。その
ため、資産および負債を分離元企業の簿価で計上し、差額を株主資本
とします。

（借）甲 事 業 資 産　30,000 [02]（貸）甲 事 業 負 債　　4,000 [02]
　　　　　　　　　　　　　　　　　　　資 　　　本 　　　金　26,000 [03]

02）分離元企業の簿価　　03）貸借差額

貸 借 対 照 表　　　　　　（単位：円）

| 科　　目 | P社 | S社 | 科　　目 | P社 | S社 |
|---|---|---|---|---|---|
| 甲事業資産 | − | 30,000 | 甲事業負債 | − | 4,000 |
| その他資産 | 60,000 | 20,000 | その他負債 | 20,000 | 4,000 |
| S 社 株 式 | 26,000 | − | 資　本　金 | 60,000 | 37,000 |
| | | | 繰越利益剰余金 | 6,000 | 5,000 |
| | 86,000 | 50,000 | | 86,000 | 50,000 |

　　事業分離の個別上の処理はBランクですが、連結上の処理はCラン
クであるため、難しいと感じた場合、後回しにしましょう。

## 3．連結修正仕訳

　　子会社の既存の事業の取得に係る仕訳と、事業の移転の仕訳を分け
て考えます。

### (1)　既存の事業の取得

①　資産・負債の時価評価

（借）諸資産（その他資産）　　2,000　　（貸）評 　価 　差 　額　　2,000 [04]

04）22,000 円 − 20,000 円 = 2,000 円

② 既存の事業に係る資本連結

　　取得したＳ社株式 26,000 円のうち、**既存の事業に投資したとみ
なす額**（みなし投資額）を計算します。みなし投資額は、通常、
既存の事業の価値に親会社持分比率を掛けて計算します。

　　なお、問題文に既存の事業の価値が無いときは、**事業分離時の
Ｓ社株式の時価（190 円）に事業分離前Ｓ社発行済株式総数（100
株）を掛けて事業全体の時価**を計算します。

| | | | | | | | |
|---|---|---|---|---|---|---|---|
| （借）資　　本　　金 | 11,000 | （貸）Ｓ　社　株　式 | 11,400 [05] |
| 利　益　剰　余　金 | 5,000 | 非支配株主持分 | 7,200 [07] |
| 評　価　差　額 | 2,000 | | |
| の　れ　ん | 600 [06] | | |

05）@ 190 円 × 100 株 = 19,000 円　19,000 円 × 60% = 11,400 円

06）11,400 円 −（11,000 円 + 5,000 円 + 2,000 円）× 60% = 600 円

07）（11,000 円 + 5,000 円 + 2,000 円）× 40% = 7,200 円


(2) **事業の移転**

　　Ｐ社がＳ社に移転した事業のうち、60% はＰ社持分が継続し、
40% は非支配株主持分となります。

　　移転した事業の事業価値に売却比率を掛けた額（時価）と、移転
した事業の簿価に売却比率を掛けた額（簿価）との差額を、資本剰
余金とします。

| | | | | | | |
|---|---|---|---|---|---|---|
| （借）資　　本　　金 | 26,000 [08] | （貸）Ｓ　社　株　式 | 14,600 [09] |
| | | 非支配株主持分 | 10,400 [10] |
| | | 資　本　剰　余　金 | 1,000 [11] |

08）事業分離による増加資本

09）連結上、Ｓ社株式をすべて消去するため、**上記②で相殺されずに残ったＳ社株式**
を相殺します。

　　26,000 円 − 11,400 円 = 14,600 円

10）26,000 円 × 40% = 10,400 円

11）移転した事業の 40% を時価で非支配株主に売却したと考えます。

　　時価：28,500 円 × 40% = 11,400 円（または @ 190 円 × 150 株 × 40%）
　　　　　移転事業の事業価値

　　簿価：26,000 円 × 40% = 10,400 円
　　　　　移転事業の簿価

　　　　資本剰余金：11,400 円 − 10,400 円 = 1,000 円

| P社 | | 連結貸借対照表 | | （単位：円） |
|---|---|---|---|---|
| 甲 事 業 資 産 | 30,000 | 甲 事 業 負 債 | | 4,000 |
| そ の 他 資 産 | 82,000 | そ の 他 負 債 | | 24,000 |
| の れ ん | 600 | 資 本 金 | | 60,000 |
| | | 資 本 剰 余 金 | | 1,000 |
| | | 利 益 剰 余 金 | | 6,000 |
| | | 非 支 配 株 主 持 分 | | 17,600 |
| | 112,600 | | | 112,600 |

S社の諸資産、諸負債は、連結上、その他資産、その他負債として表示しています。

非支配株主持分：（37,000円＋5,000円＋2,000円）×40％＝17,600円

### 参考 のれんと資本剰余金の計算

#### 1．甲事業の移転

甲事業（簿価 26,000 円、事業価値 28,500 円）の 40％を売却し、S 社（簿価 16,000 円、時価 18,000 円、企業価値 19,000 円）の 60％を取得したと考えます。

#### 2．S社の取得

×2年3月末のS社の簿価（純資産）16,000円に対しS社の企業価値は19,000円であり、差額3,000円には、資産の評価差額2,000円とのれん相当額1,000円が含まれています。

| 簿　価 | | 時　価 | | 企業価値 |
|---|---|---|---|---|
| S社 | | S社 | | S社 |
| 16,000 円 | | 18,000 円 | | 19,000 円 |

評価差額 2,000 円　　　　　のれん相当額 1,000 円

現在の日本の会計基準では、のれん相当額のうち親会社持分（60％ 600 円）のみ、のれんとして計上します。

| 問題1 | 取得関連費用、その他有価証券評価差額金(資本連結) | 重要度 B |

次の資料にもとづき、×1年3月末と×2年3月末の連結修正仕訳を示しなさい。

・ P社は、×1年3月31日にS社の発行済株式の60%を6,700円で取得し、S社を子会社とした。なお、6,700円には購入手数料200円が含まれている。

| S社の純資産 | 資 本 金 | 利益剰余金 | その他有価証券評価差額金 |
|---|---|---|---|
| ×1年3月末 | 6,000円 | 3,000円 | 1,000円 |
| ×2年3月末 | 6,000円 | 4,000円 | 1,500円 |

・ S社の資産及び負債の時価は帳簿価額と等しい。

・ S社は剰余金の配当を行っていない。

・ のれんは発生の翌年度より10年で償却する。

▶ポイント

・取得関連費用(資本連結)

　子会社株式を取得するための付随費用(取得関連費用)は、個別上は、子会社株式の取得原価に含めますが、連結上は、支払手数料などを用いて費用処理します。

・子会社のその他有価証券評価差額金(資本連結)

　支配獲得時の子会社のその他有価証券評価差額金のうち、親会社持分は子会社株式と相殺し、非支配株主持分は非支配株主持分へ振り替えます。

仕訳

1．×1年3月31日の連結修正仕訳

① 取得関連費用

　　支配獲得時に連結貸借対照表しか作成しない場合には、利益剰余金とします。

| (借)支 払 手 数 料 | 200 | (貸)S 社 株 式 | 200 |

利益剰余金

②　資本連結

| (借) | 資　　本　　金 | 6,000 | (貸) | S　社　株　式 | 6,500 |
| | 利　益　剰　余　金 | 3,000 | | 非支配株主持分 | 4,000 [01] |
| | その他有価証券評価差額金 | 1,000 | | | |
| | の　　れ　　ん | 500 | | | |

01)　(6,000 円 + 3,000 円 + 1,000 円) × 40% = 4,000 円

## 2．×2年3月31日の連結修正仕訳

### (1)　連結開始仕訳

①　取得関連費用

| (借) | 利益剰余金当期首残高 | 200 | (貸) | S　社　株　式 | 200 |

②　資本連結

| (借) | 資本金当期首残高 | 6,000 | (貸) | S　社　株　式 | 6,500 |
| | 利益剰余金当期首残高 | 3,000 | | 非支配株主持分当期首残高 | 4,000 |
| | その他有価証券評価差額金当期首残高 | 1,000 | | | |
| | の　　れ　　ん | 500 | | | |

### (2)　子会社当期純利益の非支配株主持分への振替え

| (借) | 非支配株主に帰属する当期純利益 | 400 [02] | (貸) | 非支配株主持分当期変動額 | 400 |

02)　(4,000 円 − 3,000 円) × 40% = 400 円

### (3)　その他有価証券評価差額金の増加額の非支配株主持分への振替え

| (借) | その他有価証券評価差額金当期変動額 | 200 [03] | (貸) | 非支配株主持分当期変動額 | 200 |

03)　(1,500 円 − 1,000 円) × 40% = 200 円

### (4)　のれんの償却

| (借) | の れ ん 償 却 額 | 50 | (貸) | の　　れ　　ん | 50 |

　　次の資料にもとづき、×2年3月末の子会社株式の追加取得時の連結修正仕訳を示しなさい。

・　P社は、×1年3月31日にS社の発行済株式の60％を6,700円で取得し、S社を子会社とした。なお、6,700円には購入手数料200円が含まれている。

・　P社は、×2年3月31日にS社の発行済株式の10％を1,450円で追加取得した。なお、1,450円には購入手数料200円が含まれている。

| S社の純資産 | 資 本 金 | 利益剰余金 | その他有価証券評価差額金 |
|---|---|---|---|
| ×1年3月末 | 6,000円 | 3,000円 | 1,000円 |
| ×2年3月末 | 6,000円 | 4,000円 | 1,500円 |

・　S社の資産及び負債の時価は帳簿価額と等しい。

・　S社は剰余金の配当を行っていない。

・　のれんは発生の翌年度より10年で償却する。

➤ **ポイント**

・**子会社のその他有価証券評価差額金（追加取得時）**

　　追加取得時の仕訳には、その他有価証券評価差額金を変動させません。

**仕訳**

**1．×1年3月31日の連結修正仕訳**

①　取得関連費用

（借）支 払 手 数 料　　200　　（貸）S 社 株 式　　200
　　　　利益剰余金

② 資本連結

| （借）資　本　金 | 6,000 | （貸）S　社　株　式 | 6,500 |
| 利　益　剰　余　金 | 3,000 | 非支配株主持分 | 4,000 [01] |
| その他有価証券評価差額金 | 1,000 | | |
| の　れ　ん | 500 | | |

01）（6,000 円 + 3,000 円 + 1,000 円）× 40% = 4,000 円

## 2．×2年3月31日の連結修正仕訳

(1) 連結開始仕訳、当期純利益の振替え、のれんの償却の仕訳は割愛（問題1と同じ）

(2) その他有価証券評価差額金の増加額の非支配株主持分への振替え

| （借）その他有価証券評価差額金当期変動額 | 200 [02] | （貸）非支配株主持分当期変動額 | 200 |

02）（1,500 円 − 1,000 円）× 40% = 200 円

(3) 子会社株式の追加取得

① 取得関連費用

| （借）支　払　手　数　料 | 200 | （貸）S　社　株　式 | 200 |

② 追加取得

追加取得分（10%）に相当する支配獲得後その他有価証券評価差額金 50 円は、上記(2)の仕訳で非支配株主持分に振り替えられています。そのため、追加取得時の仕訳ではその他有価証券評価差額金を増減させません。

| （借）非支配株主持分当期変動額 | 1,150 [04] | （貸）S　社　株　式 | 1,250 [03] |
| 資本剰余金当期変動額 | 100 [05] | | |

03）1,450 円 − 200 円 = 1,250 円　　05）1,250 円 − 1,150 円 = 100 円

04）（6,000 円 + 4,000 円 + 1,500 円）× 10% = 1,150 円

連結 B / S　非支配株主持分：

4,000 円 + 400 円 + 200 円 − 1,150 円 = 3,450 円

11,500 円 × 30% = 3,450 円

（子会社純資産 × 非株持分と一致）

次の資料にもとづき、×2年3月末の子会社株式の一部売却時の連結修正仕訳を示しなさい。

・　P社は、×1年3月31日にS社の発行済株式の60%を6,700円で取得し、S社を子会社とした。なお、6,700円には購入手数料200円が含まれている。

・　P社は、×2年3月31日にS社の発行済株式の6%を820円で売却した。

| S社の純資産 | 資 本 金 | 利益剰余金 | その他有価証券評価差額金 |
|---|---|---|---|
| ×1年3月末 | 6,000円 | 3,000円 | 1,000円 |
| ×2年3月末 | 6,000円 | 4,000円 | 1,500円 |

・　S社の資産及び負債の時価は帳簿価額と等しい。

・　S社は剰余金の配当を行っていない。

・　のれんは発生の翌年度より10年で償却する。

## ポイント

　子会社株式の一部を売却した場合、売却分について非支配株主持分を増加させます。子会社株式の売却は非支配株主持分との資本取引と考え、売却による親会社持分の減少額と、売却価額の差額は資本剰余金とします。

## 仕訳

### 1．×1年3月31日の連結修正仕訳

| （借）支 払 手 数 料<br>利益剰余金 | 200 | （貸）S 社 株 式 | 200 |
|---|---|---|---|

| （借）資　　本　　金 | 6,000 | （貸）S 社 株 式 | 6,500 |
|---|---|---|---|
| 利 益 剰 余 金 | 3,000 | 非支配株主持分 | 4,000 |
| その他有価証券評価差額金 | 1,000 | | |
| の　　れ　　ん | 500 | | |

## 2．×2年3月31日の連結修正仕訳

(1)　連結開始仕訳、当期純利益の振替え、のれんの償却の仕訳は割愛（問題1と同じ）

(2)　その他有価証券評価差額金の増加額の非支配株主持分への振替え

| （借）その他有価証券評価差額金当期変動額 | 200 | （貸）非支配株主持分当期変動額 | 200 |
|---|---|---|---|

(3)　子会社株式の一部売却

①　個別上の仕訳

| （借）現 金 預 金 | 820 | （貸）S 社 株 式 | 670 [01] |
|---|---|---|---|
| | | 関係会社株式売却益 | 150 [02] |

01) $6,700 円 \times \dfrac{6\%}{60\%} = 670 円$　　02) $820 円 - 670 円 = 150 円$

②　連結修正仕訳

　　追加取得の場合、支配獲得後その他有価証券評価差額金のうち追加取得分は追加取得の前の仕訳で非支配株主持分に振り替えている一方、一部売却の場合、非支配株主持分になる分はその他有価証券評価差額金のままになっているので調整します。

| （借）S 社 株 式 | 670 | （貸）非支配株主持分当期変動額 | 690 [04] |
|---|---|---|---|
| 関係会社株式売却益 | 150 | 資本剰余金当期変動額 | 160 [05] |
| その他有価証券評価差額金当期変動額 | 30 [03] | | |

03) 支配獲得後その他有価証券評価差額金の増加額：$1,500 円 - 1,000 円 = 500 円$

　　その他有価証券評価差額金増加額のうち売却分：$500 円 \times 6\% = 30 円$

04) $(6,000 円 + 4,000 円 + 1,500 円) \times 6\% = 690 円$　　05) 貸借差額

　　連結B／S　非支配株主持分：
　　　　　　　$4,000 円 + 400 円 + 200 円 + 690 円 = 5,290 円$
　　　　　　　$11,500 円 \times 46\% = 5,290 円$
　　　　　　　（子会社純資産×非株持分と一致）

次の資料にもとづき、×2年3月31日の子会社株式の時価評価の仕訳と、資本連結の仕訳を示しなさい。

・　P社のS社株式の取得状況とS社純資産

| 取　得　日 | 取得割合 | 取得価額 | 資 本 金 | 利益剰余金 |
|---|---|---|---|---|
| ×1年3月31日 | 10% | 1,000円 | 6,000円 | 3,000円 |
| ×2年3月31日 | +60% | 6,600円 | 6,000円 | 4,000円 |

　①　×1年3月31日に取得した株式数は10株であり、1株100円で取得した。

　②　×2年3月31日に取得した株式数は60株であり、1株110円で取得した。

・　S社の資産及び負債の時価は帳簿価額と等しい。

・　のれんは発生の翌年度より10年で償却する。

➤ポイント

　段階取得に係る差益(差損)

　＝子会社株式の時価－(原始取得時の取得原価＋追加取得時の取得原価)

　支配を獲得したことにより過去に所有していた投資の実態が変わったものとみなし、その時点で投資がいったん清算され、改めて投資を行ったと考えます。そのため、子会社株式を支配獲得日の時価に評価替えを行います。

**仕訳**

(1) 子会社株式の時価評価

（借）S 社 株 式 100 （貸）段階取得に係る差益 100 [01]

01）（@ 110 円 − @ 100 円）× 10 株 = 100 円（差益）

または@ 110 円× 70 株 − （1,000 円 + 6,600 円）= 100 円（差益）
連結上の子会社株式　　　　個別上の子会社株式

(2) 資本連結

（借）資 本 金 6,000 （貸）S 社 株 式 7,700 [02]
　　　利 益 剰 余 金 4,000 非支配株主持分 3,000 [03]
　　　の れ ん 700 [04]

02）@ 110 円× 70 株 = 7,700 円

または　1,000 円 + 6,600 円 + 100 円 = 7,700 円

03）（6,000 円 + 4,000 円）× 30% = 3,000 円

04）7,700 円 − （6,000 円 + 4,000 円）× 70% = 700 円

**研究** ▶ のれん償却の可否

　日本基準では、自由競争の下では、超過収益力であるのれんは徐々に価値が減少していくと考え償却します。一方、国際会計基準では、のれんは時の経過により徐々に増加してくと考え、減損が生じない限り、償却はしません。

次の資料にもとづき、(1)持分法の仕訳、(2)子会社株式の時価評価の仕訳、(3)資本連結の仕訳を示しなさい。

- P社のS社株式の取得状況とS社純資産

| 取　得　日 | 取得割合 | 取得価額 | 資 本 金 | 利益剰余金 |
|---|---|---|---|---|
| ×1年3月31日 | 20% | 2,100円 | 6,000円 | 4,000円 |
| ×2年3月31日 | +50% | 6,000円 | 6,000円 | 4,400円 |

① ×1年3月31日に取得した株式数は20株であり、1株105円で取得した。

　S社は、×1年3月31日の株式取得によりP社の持分法適用会社となった。

② ×2年3月31日に取得した株式数は50株であり、1株120円で取得した。

- S社の資産及び負債の時価は帳簿価額と等しい。
- のれんは発生の翌年度より10年で償却する。
- S社の×1年度の当期純利益は400円である。

➤ポイント

> 持分法から連結への移行
>
> 段階取得に係る差益（差損）
>
> ＝子会社株式の時価 −（持分法上の簿価＋追加取得時の取得原価）

持分法上ののれんは引き継がず、支配獲得時に子会社の資産・負債の時価評価を改めて行う点がポイントです。

**仕 訳**

(1)　持分法

①　のれんの償却

（借）持分法による投資損益　　　10 <sup>01)</sup>（貸）S　社　株　式　　　10

01) のれん：2,100円 −（6,000円 + 4,000円）× 20% = 100円

のれん償却：100円 ÷ 10年 = 10円

②　当期純利益の振替え

（借）S　社　株　式　　　80 <sup>02)</sup>（貸）持分法による投資損益　　　80

02) 400円 × 20% = 80円

(2)　子会社株式の時価評価

（借）S　社　株　式　　　230　　（貸）段階取得に係る差益　　　230 <sup>03)</sup>

03) @120円 × 70株 −（2,100円 − 10円 + 80円 + 6,000円）= 230円（差益）
　　　子会社株式時価　　　　持分法簿価　　　　　　追加取得

または@120円 × 20株 −（2,100円 − 10円 + 80円）= 230円

(3)　資本連結

（借）資　　本　　金　　6,000　　（貸）S　社　株　式　　8,400 <sup>04)</sup>
　　　利 益 剰 余 金　　4,400　　　　　非支配株主持分　　3,120 <sup>05)</sup>
　　　の　れ　ん　　1,120 <sup>06)</sup>

04) @120円 × 70株 = 8,400円

05)（6,000円 + 4,400円）× 30% = 3,120円

06) 8,400円 −（6,000円 + 4,400円）× 70% = 1,120円

　以下の資料にもとづき、(1)子会社の資産及び負債の評価替えの仕訳と、(2)×2年3月31日の評価差額の実現の仕訳を示しなさい。なお、税効果会計を適用し、法定実効税率は30%とする。

・　P社は×1年3月31日にS社発行済株式の80%を取得し、支配した。これに際してS社の資産及び負債を時価で評価したところ、以下の事実が判明した。

| | 簿　　価 | 時　　価 |
|---|---|---|
| 建　物 | 7,000円 | 8,000円 |

・　×1年3月31日における建物の残存耐用年数は10年であり、定額法、残存価額：ゼロにより減価償却を行っている。

➤ **ポイント**

　評価差額の実現

① 固定資産の増加額について、残存耐用年数にわたり減価償却費を修正

② 税効果会計の適用

③ 減価償却費の修正額から税効果額を引いた額を非支配株主に配分

　償却性資産について、連結上、評価替えを行った場合には、減価償却費も修正します。また、税効果会計を適用する場合、税効果分も引いた子会社の損益の増減額を非支配株主持分に配分します。

**仕訳**

(1) 資産の評価替え

| (借)建 物 | 1,000 [01] | (貸)繰 延 税 金 負 債 | 300 [02] |
|---|---|---|---|
| | | 評 価 差 額 | 700 [03] |

01) 8,000 円 − 7,000 円 = 1,000 円　　03) 1,000 円 − 300 円 = 700 円

02) 1,000 円 × 30% = 300 円

(2) 評価差額の実現

　　借方を繰延税金負債とするのは、評価替えにより発生した一時差異が減価償却により解消したと考えるからです。減価償却累計額を建物に置き換えるとわかりやすいです。

| (借)減 価 償 却 費 | 100 [04] | (貸)建物減価償却累計額 | 100 |
|---|---|---|---|
| (借)繰 延 税 金 負 債 | 30 [05] | (貸)法 人 税 等 調 整 額 | 30 |
| (借)非支配株主持分当期変動額 | 14 [06] | (貸)非支配株主に帰属する当期純利益 | 14 |

04) 1,000 円 ÷ 10 年 = 100 円

05) 100 円 × 30% = 30 円

06) (100 円 − 30 円) × 20% = 14 円

---

**研究　税効果会計の仕訳の作り方**

　　P178 の①未実現利益の消去仕訳と②税効果の仕訳の関係をみておきましょう。

| ① (借)土 地 売 却 益 | 100 | (貸)土 地 | 100 |
|---|---|---|---|

×実効税率

| ② (借)繰 延 税 金 資 産 | 30 | (貸)法 人 税 等 調 整 額 | 30 |
|---|---|---|---|

　　損益項目である『土地売却益』は『法人税等調整額』に、資産項目の『土地』は『繰延税金資産』になっていきます。

　　このページでも①と②の仕訳の関係をみてみましょう。

| ① (借)減 価 償 却 費 | 100 | (貸)建物減価償却累計額 | 100 |
|---|---|---|---|

×実効税率

| ② (借)繰 延 税 金 資 産 | 30 | (貸)法 人 税 等 調 整 額 | 30 |
|---|---|---|---|

　　損益項目である『減価償却費』は『法人税等調整額』に、資産のマイナス項目である『建物減価償却累計額』は『繰延税金資産』になっていきます。

　　なお、貸倒引当金は、税効果会計の仕訳では『繰延税金負債』となる点に注意しましょう。

| 問題 1 | 連結税効果（土地の売買 1） | 重要度 B |
|---|---|---|

P 社は S 社株式の 80％を所有し支配している。以下の場合における連結修正仕訳を示しなさい。税効果会計を適用し、法定実効税率は 30％とする。

・ 当期に P 社は簿価 1,000 円の土地を 1,100 円で S 社に売却しており、期末現在、S 社はこの土地を保有している。

➤ ポイント

仕訳をするにあたっては次のルールを知っておくと便利です。

| 未実現利益の消去の仕訳 | | 税効果の仕訳 |
|---|---|---|
| 収益・費用項目 | ——→ 貸借逆側 | 法人税等調整額 |
| 資産・負債項目 | ——→ 貸借逆側 | 繰延税金資産 |

仕訳 ▸

ダウン・ストリーム

| （借）土 地 売 却 益 | 100 [01)] | （貸）土 地 | 100 |
|---|---|---|---|
| （借）繰 延 税 金 資 産 | 30 [02)] | （貸）法人税等調整額 | 30 |

01) 1,100 円 − 1,000 円 = 100 円

02) 100 円 × 30％ = 30 円

連結財務諸表固有の一時差異

① 子会社の資産及び負債の時価評価による評価差額→繰延税金資産・負債

② 未実現利益を消去→繰延税金資産

③ 債権と債務の相殺消去により貸倒引当金を減額修正→繰延税金負債

| 問題2 | 連結税効果（土地の売買2） | 重要度 B |

P社はS社株式の80％を所有し支配している。以下の場合における連結修正仕訳を示しなさい。税効果会計を適用し、法定実効税率は30％とする。

・ 当期にS社は簿価1,000円の土地を1,100円でP社に売却しており、期末現在、P社はこの土地を保有している。

➤ ポイント

**アップ・ストリームの場合の税効果の仕訳**

① 未実現利益の消去の仕訳

② 税効果の仕訳

③ 非支配株主持分への配分の仕訳(①から②を引いた税引後の金額による)

| 未実現利益の消去の仕訳 | 非支配株主持分への按分仕訳 |
| 収益・費用項目 → | 非支配株主に帰属する当期純利益 |
| 貸借逆側 | |
| **資産・負債項目** → | **非支配株主持分当期変動額** |
| 貸借逆側 | |

**仕訳** ▶

アップ・ストリーム

(借) 土 地 売 却 益 　100 [01] (貸) 土 　　　　地 　100

(借) 繰 延 税 金 資 産 　30 [02] (貸) 法人税等調整額 　30

(借) 非支配株主持分当期変動額 14 [03] (貸) 非支配株主に帰属する当期純利益 14

01) 1,100円 − 1,000円 = 100円

02) 100円×30% = 30円

03) (100円 − 30円) × 20% = 14円

P社はS社株式の80％を所有し支配している。下記の場合における連結修正仕訳を示しなさい。税効果会計を適用し、法定実効税率は30％とする。

・ 当期首にP社はS社に簿価7,000円の備品を8,000円で売却した。S社は期末現在、この備品を保有している。

なお、S社は、備品の減価償却を定額法（残存価額ゼロ）により10年間で行っている。

➤ポイント

ダウン・ストリーム

① 未実現利益の消去の仕訳

② 減価償却費の修正の仕訳

③ 税効果の仕訳（①から②を引いた額にもとづく）

仕訳 ▶

ダウン・ストリーム

| (借) 備 品 売 却 益 | 1,000 | (貸) 備 品 | 1,000 |
| (借) 減 価 償 却 累 計 額 | 100 [01] | (貸) 減 価 償 却 費 | 100 |
| (借) 繰 延 税 金 資 産 | 270 [02] | (貸) 法人税等調整額 | 270 |

01）1,000 円 ÷ 10 年 = 100 円

02）（1,000 円 − 100 円）× 30% = 270 円

## 問題4　連結税効果（備品の売買2）　　重要度 B

　P社はS社株式の80％を所有し支配している。下記の場合における連結修正仕訳を示しなさい。税効果会計を適用し、法定実効税率は30％とする。

・　当期首にS社はP社に簿価7,000円の備品を8,000円で売却した。P社は期末現在、この備品を保有している。

　　なお、P社は、備品の減価償却を定額法（残存価額ゼロ）により10年間で行っている。

### ▶ポイント

アップ・ストリーム

① 未実現利益の消去の仕訳

② 減価償却費の修正の仕訳

③ 税効果の仕訳（①から②を引いた額にもとづく）

④ 非支配株主持分への配分の仕訳（①から②と③を引いた額にもとづく）

### 仕訳 ▶

アップ・ストリーム

| （借）備 品 売 却 益 | 1,000 | （貸）備 品 | 1,000 |
|---|---|---|---|
| （借）減価償却累計額 | 100 [01] | （貸）減 価 償 却 費 | 100 |
| （借）繰 延 税 金 資 産 | 270 [02] | （貸）法 人 税 等 調 整 額 | 270 |
| （借）非支配株主持分当期変動額 | 126 [03] | （貸）非支配株主に帰属する当期純利益 | 126 |

01) 1,000 円 ÷ 10 年 = 100 円

02) （1,000 円 − 100 円）× 30% = 270 円

03) （900 円 − 270 円）× 20% = 126 円

**連結税効果（商品の売買1）** 　　　重要度 B

　P社はS社株式の80％を所有し支配している。下記の場合における連結修正仕訳を示しなさい。税効果会計を適用し、法定実効税率は30％とする。

(1) P社（親会社）はS社（子会社）に対して原価率90％で商品を販売している。
(2) S社の期末商品のうち1,000円はP社から仕入れたものである。
(3) S社の期首商品のうち1,000円はP社から仕入れたものである。

➤ **ポイント**

　仕訳をするにあたっては次のルールを知っておくと便利です。

| **未実現利益の消去の仕訳** | | **税効果の仕訳** |
|---|---|---|
| 収益・費用項目 | ──────→ | 法人税等調整額 |
| | 貸借逆側 | |
| **資産・負債項目** | ──────→ | **繰延税金資産** |
| | 貸借逆側 | |
| **利益剰余金当期首残高** | ──────→ | **利益剰余金当期首残高** |
| | 貸借逆側 | |

**仕訳** ▶

(1) 期末商品

| （借）売 上 原 価 | 100 01) | （貸）商　　　　　品 | 100 |
|---|---|---|---|
| （借）繰 延 税 金 資 産 | 30 02) | （貸）法 人 税 等 調 整 額 | 30 |

01) 1,000円 × 10％ = 100円
02) 100円 × 30％ = 30円

(2) 期首商品

| （借）利益剰余金当期首残高 | 100 03) | （貸）売 上 原 価 | 100 |
|---|---|---|---|
| （借）法 人 税 等 調 整 額 | 30 04) | （貸）利益剰余金当期首残高 | 30 |

03) 1,000円 × 10％ = 100円
04) 100円 × 30％ = 30円

## 問題6 連結税効果（商品の売買2） 重要度 B

P社はS社株式の80%を所有し、支配している。下記の場合における連結修正仕訳を示しなさい。税効果会計を適用し、法定実効税率は30%とする。

(1) S社はP社に対して原価率90%で商品を販売している。

(2) P社の期末商品のうち1,000円はS社から仕入れたものである。なお、期首商品の中にS社から仕入れたものは含まれていなかった。

➡ ポイント

ここは細かいことを考え出すときりがないので、まずは仕訳を覚えましょう！

語呂合わせとしては、期末分は「シー、ショウ」「クリボー」「ヘンジュン」です。

「シー」は売上原価（cost）の頭文字です。

仕訳 ▶

期末商品（アップ・ストリーム）

| (借) 売 上 原 価 | 100 01) | (貸) 商　　　品 | 100 |
|---|---|---|---|
| (借) 繰 延 税 金 資 産 | 30 02) | (貸) 法 人 税 等 調 整 額 | 30 |
| (借) 非支配株主持分当期変動額 | 14 03) | (貸) 非支配株主に帰属する当期純利益 | 14 |

01) 1,000円 × 10% = 100円

02) 100円 × 30% = 30円

03) (100円 − 30円) × 20% = 14円

　Ｐ社はＳ社株式の80％を所有し、支配している。下記の場合における連結修正仕訳を示しなさい。税効果会計を適用し、法定実効税率は30％とする。

(1)　Ｓ社はＰ社に対して原価率90％で商品を販売している。

(2)　Ｐ社の期首商品のうち1,000円はＳ社から仕入れたものである。なお、期末商品の中にＳ社から仕入れたものは含まれていなかった。

➤ポイント

　ここは語呂合わせです。
　期首分は「リー、シー」「ホー、リー」「ヒリ」「ジュン、ヘン」です。

仕 訳

期首商品（アップ・ストリーム）

| （借）利益剰余金当期首残高 | 100 ⁰¹⁾ | （貸）売　上　原　価 | 100 |
|---|---|---|---|
| （借）法人税等調整額 | 30 ⁰²⁾ | （貸）利益剰余金当期首残高 | 30 |
| （借）非支配株主持分当期首残高 | 14 ⁰³⁾ | （貸）利益剰余金当期首残高 | 14 |
| （借）非支配株主に帰属する当期純利益 | 14 ⁰³⁾ | （貸）非支配株主持分当期変動額 | 14 |

01）1,000円×10％＝100円

02）100円×30％＝30円

03）（100円－30円）×20％＝14円

研 究　利益剰余金当期首残高の税効果の仕訳

　『利益剰余金当期首残高』は、税効果の仕訳でも『利益剰余金当期首残高』のままです。

① | （借）利益剰余金当期首残高 | 100 | （貸）売　上　原　価 | 100 |
|---|---|---|---|

×実効税率

② | （借）法 人 税 等 調 整 額 | 30 | （貸）利益剰余金当期首残高 | 30 |
|---|---|---|---|

| 問題8 | 連結税効果（期末貸倒引当金） | 重要度 B |

P社はS社株式の80%を所有し支配している。下記の場合における連結修正仕訳を示しなさい。税効果会計を適用し、法定実効税率は30%とする。個別上で一時差異は生じていない。

(1) P社はS社に対して売掛金10,000円があり、これに1%の貸倒引当金を設定している。

(2) S社はP社に対して売掛金10,000円があり、これに1%の貸倒引当金を設定している。なお、貸倒引当金の修正にかかる損益は非支配株主持分にも負担させる。

➤ ポイント

貸倒引当金について、仮に個別上、繰入額の損金不算入により繰延税金資産を計上している場合には、貸倒引当金の減額により将来減算一時差異が解消されたと考え、貸方は繰延税金資産となります。

仕訳 ▸

(1) ダウン・ストリーム

| (借) 買 掛 金 | 10,000 | (貸) 売 掛 金 | 10,000 |
| (借) 貸 倒 引 当 金 | 100 | (貸) 貸 倒 引 当 金 繰 入 | 100 $^{01)}$ |
| (借) 法 人 税 等 調 整 額 | 30 | (貸) 繰 延 税 金 負 債 | 30 $^{02)}$ |

01) 10,000円 × 1% = 100円

02) 100円 × 30% = 30円

(2) アップ・ストリーム

| (借) 買 掛 金 | 10,000 | (貸) 売 掛 金 | 10,000 |
| (借) 貸 倒 引 当 金 | 100 | (貸) 貸 倒 引 当 金 繰 入 | 100 |
| (借) 法 人 税 等 調 整 額 | 30 | (貸) 繰 延 税 金 負 債 | 30 |
| (借) 非支配株主に帰属する当期純利益 | 14 | (貸) 非支配株主持分当期変動額 | 14 $^{03)}$ |

03)（100円 − 30円）× 20% = 14円

　P社はS社株式の80％を所有し支配している。下記の場合における連結修正仕訳を示しなさい。税効果会計を適用し、法定実効税率は30％とする。個別上で一時差異は生じていない。

・　P社はS社に対して売掛金15,000円があり、これに1％の貸倒引当金を差額補充法により設定している。

・　前期末におけるS社に対する貸倒引当金は100円である。

**仕訳**　▶

(1)　債権・債務の相殺

| (借) 買　　掛　　金 | 15,000 | (貸) 売　　掛　　金 | 15,000 |
|---|---|---|---|

(2)　貸倒引当金の修正

| (借) 貸 倒 引 当 金 | 150 (01) | (貸) 利益剰余金当期首残高 | 100 |
|---|---|---|---|
| | | 貸倒引当金繰入 | 50 (02) |

| (借) 利益剰余金当期首残高 | 30 (04) | (貸) 繰 延 税 金 負 債 | 45 (03) |
|---|---|---|---|
| 法人税等調整額 | 15 (05) | | |

01）15,000円 × 1 ％ = 150円

02）150円 － 100円 = 50円

03）150円 × 30% = 45円

04）100円 × 30% = 30円

05）50円 × 30% = 15円

※　前期末の子会社の貸倒引当金を修正する場合の税効果の処理は、本試験での出題可能性が低いため割愛しています。

➤**ポイント**

以下のように、期首貸倒引当金100円分について当期に売掛金が決済されたことによる逆仕訳を行い、期末貸倒引当金150円分についてあらためて仕訳を行っても、結果は同じです。

① 前期の引継ぎ

| （借）貸 倒 引 当 金 | 100 | （貸）利益剰余金当期首残高 | 100 |
| （借）利益剰余金当期首残高 | 30 | （貸）繰 延 税 金 負 債 | 30 |

② 当期の実現

| （借）貸倒引当金繰入 | 100 | （貸）貸 倒 引 当 金 | 100 |
| （借）繰 延 税 金 負 債 | 30 | （貸）法人税等調整額 | 30 |

③ 当期の修正

| （借）貸 倒 引 当 金 | 150 | （貸）貸倒引当金繰入 | 150 |
| （借）法人税等調整額 | 45 | （貸）繰 延 税 金 負 債 | 45 |

| 問題 1 | 持分法税効果（土地） | 重要度 B |

P 社は A 社の発行済株式総数の 20％を取得し、持分法を適用している。以下の取引について、持分法適用に係る連結修正仕訳を示しなさい。原則処理による。また、税効果会計（実効税率 30％）を適用する。

(1) P 社は A 社に取得原価 4,000 円の土地を 5,000 円で売却した。期末現在、A 社はこの土地を引続き保有している。

(2) A 社は P 社に取得原価 7,000 円の土地を 8,000 円で売却した。期末現在、P 社はこの土地を引続き保有している。

## ➤ポイント

未実現利益の消去に係る税効果（固定資産）
ダウン・ストリーム：繰延税金資産、法人税等調整額を用いる
アップ・ストリーム：関連会社株式、持分法による投資損益を用いる

未実現利益に係る繰延税金資産は、売手側に帰属します。そのため、ダウン・ストリームの場合、投資会社に帰属し、アップ・ストリームの場合、関連会社に帰属します。

持分法では関連会社の財務諸表を合算しないため、アップ・ストリームの場合の税効果の仕訳は、関連会社株式、持分法による投資損益を用います。

## 仕訳

(1) ダウン・ストリーム

| (借) 土 地 売 却 益 | 200 [01] | (貸) A 社 株 式 | 200 |
| (借) 繰 延 税 金 資 産 | 60 [02] | (貸) 法 人 税 等 調 整 額 | 60 |

01) (5,000 円 − 4,000 円) × 20％ = 200 円

02) 200 円 × 30％ = 60 円

(2) アップ・ストリーム

| (借) 持分法による投資損益 | 200 [03] | (貸) 土 地 | 200 |
| (借) A 社 株 式 | 60 [04] | (貸) 持分法による投資損益 | 60 |

03) (8,000 円 − 7,000 円) × 20％ = 200 円

04) 200 円 × 30％ = 60 円

| 問題2 | 持分法税効果（商品） | 重要度 B |

　P社はA社の発行済株式総数の20%を取得し、持分法を適用している。以下の取引について、持分法適用に係る連結修正仕訳を示しなさい。原則処理による。また、税効果会計（実効税率30%）を適用する。

(1)　P社はA社に利益率10%でX商品を販売しており、A社期末商品のうち10,000円はP社から仕入れたものである。

(2)　A社はP社に利益率10%でY商品を販売しており、P社期末商品のうち10,000円はA社から仕入れたものである。

▶ポイント

　未実現利益の消去に係る税効果(商品)

　ダウン・ストリーム：繰延税金資産、法人税等調整額を用いる

　アップ・ストリーム：関連会社株式、持分法による投資損益を用いる

仕訳 ▸

(1)　ダウン・ストリーム

| (借) | 売　　上　　高 | 200 (01) | (貸) | A　社　株　式 | 200 |
| (借) | 繰 延 税 金 資 産 | 60 (02) | (貸) | 法人税等調整額 | 60 |

01) 10,000円×10%×20% = 200円

02) 200円×30% = 60円

(2)　アップ・ストリーム

| (借) | 持分法による投資損益 | 200 (03) | (貸) | 商　　　　　品 | 200 |
| (借) | A　社　株　式 | 60 (04) | (貸) | 持分法による投資損益 | 60 |

03) 10,000円×10%×20% = 200円

04) 200円×30% = 60円

## 問題 1 収益認識の基本問題 重要度 B

次の取引の仕訳を示しなさい。当期は×1年4月1日から×2年3月31日までの1年である。
(1) 取引時（×1年4月1日）
① 当社は、甲社と商品の販売および保守サービスの提供と、代金を現金で受け取る契約を締結した。
② 商品の販売と2年間の保守サービスの提供の対価：9,000円
③ 独立販売価格
   商品：8,000円　　2年間の保守サービス：2,000円
④ ×1年4月1日に商品を甲社に引き渡した。甲社では検収を完了し使用可能となり、代金9,000円を現金で受け取った。
(2) 決算時（×2年3月31日）
   当期末において、保守サービスのうち当期分について収益計上を行う。

► ポイント

「収益認識に関する会計基準」では、収益を認識するまでの過程を5つのステップに分解し、これをすべて満たしたときに収益を認識します。

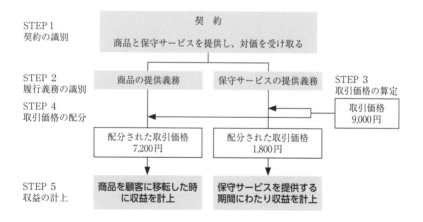

(1) 取引価格の配分

取引価格を、独立販売価格にもとづいて履行義務に配分します。

商品の販売：$9,000円 \times \dfrac{8,000円}{8,000円 + 2,000円} = 7,200円$

サービスの提供：$9,000円 \times \dfrac{2,000円}{8,000円 + 2,000円} = 1,800円$

(2) 履行義務の充足

① 商品の販売

商品を引渡し、顧客の検収が完了した時点（一時点）で収益を計上します。

② サービスの提供

保守サービスを提供する期間（一定期間）にわたり収益を計上します。当期に1年分900円[01]を計上します。

01) $1,800円 \times \dfrac{12\,カ月}{24\,カ月} = 900円$

### 仕訳 ▶

(1) 取引時（×1年4月1日）

**顧客から受け取った対価**のうち、**いまだ果たしていない履行義務**（サービスの提供義務）は**契約負債**として処理します。

（借）現　　　　　金　9,000　（貸）売　　　　　上　7,200
　　　　　　　　　　　　　　　　　契　約　負　債　1,800
　　　　　　　　　　　　　　　　　または（前受金）

(2) 決算時（×2年3月31日）

（借）契　約　負　債　900　（貸）売　　　　　上　900
　　　　　　　　　　　　　　　　　または（役務収益）

次の取引の仕訳を示しなさい。

当社は、得意先甲社に商品を 10,000 円で掛け販売した。甲社に対する過去の販売実績より、販売金額のうち甲社に返金する可能性が高いリベートを 500 円と見積もった。この 500 円について、取引価格に含めないものとする。

➤ポイント

収益認識の STEP 3 における取引価格の算定にあたっては、**変動対価、重要な金融要素**の影響などを考慮し、**第三者のために回収する**額を除きます。
　変動対価とは、**顧客と約束した対価のうち変動する可能性のある部分**をいいます。変動対価のうち、収益の著しい減額が発生する可能性が高い部分については、STEP 3 の取引価格に含めず[01]、**返金負債**などとして計上します。
変動対価の例としては、**売上割戻、返品権付き販売**などがあります。

01) 取引価格から除いて収益計上を行うのは、収益の過大計上を防止するためです。
　　基準においては、「変動対価の額に関する不確実性が事後的に解消される際に、
　　解消される時点までに計上された収益の著しい減額が発生しない可能性が高い部
　　分に限り、取引価格に含める」と遠回しの規定の仕方をしています。

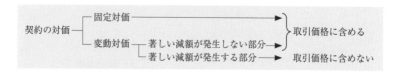

**仕訳**

**返金負債とは、顧客に返金する義務**を負債として計上したものです。

| (借) 売　掛　金 | 10,000 | (貸) 売　　　　　上 | 9,500 |
|---|---|---|---|
| | | 返　金　負　債 | 500 |

　なお、実際には商品販売時に販売金額で売上計上し、期末などリベート見積り時に返金負債を計上する処理も考えられます。

(1)　販売時

| (借) 売　掛　金 | 10,000 | (貸) 売　　　　　上 | 10,000 |
|---|---|---|---|

(2)　リベート見積り時

| (借) 売　　　　　上 | 500 | (貸) 返　金　負　債 | 500 |
|---|---|---|---|

また、リベート支払時に返金負債を減らします。

| (借) 返　金　負　債 | 500 | (貸) 現　　　　　金 | 500 |
|---|---|---|---|

　※　売上割戻について売掛金と相殺する場合には、

　　(借) 返金負債　500　(貸) 売掛金　500　となります。

**研究** 「取引価格に含める」って、どういうこと?

　「取引価格に含める」というのは、売上計上のタイミングの問題は別にして、いずれは『売上に計上する』と読み換えるとわかりやすいでしょう。

次の取引の仕訳を示しなさい。商品の記帳方法は売上原価対立法による。

(1) 商品を5,000円（原価3,000円）で得意先A社に掛け販売した。なお、顧客が未使用の商品を30日以内に返品する場合、全額、返金に応じる契約となっている。商品の原価率は60％である。

　これまでの販売実績よりこのうち1,000円の返品が見込まれたため、取引価格に含めないものとする。

(2) A社より売価で1,200円（原価720円）の返品があり、代金は現金で支払った。

## ➤ ポイント

　返品権付き販売とは、顧客に、商品を返品し支払った代金の返金を受ける権利が付与されている販売契約をいいます。

　返品権付き販売をしたときは、返品による**返金が見込まれる分**について売上計上せず、**返金負債**として認識します。

　また、顧客から**商品を回収する権利**を返品資産として認識します。

## 仕訳 ▶

**(1) 商品の販売**

① 収益計上

| (借) 売 掛 金 | 5,000 | (貸) 売　　　　　　上 | 4,000 |
|---|---|---|---|
| | | 返 金 負 債 | 1,000 |

② 売上原価計上

| (借) 売 上 原 価 | 2,400 [02] | (貸) 商　　　　　　品 | 3,000 |
|---|---|---|---|
| 返 品 資 産 | 600 [01] | | |

01) 1,000円 × 60％ = 600円　　02) 3,000円 − 600円 = 2,400円

## (2) 商品の返品

　　返品の見積額は会計上の見積りに該当します。そして、**返品見積額と実績額との差額**は、売価分について売上勘定で調整し、原価分について売上原価勘定で調整します。

① 返金

| (借)返 金 負 債 | 1,000 | (貸)現 | 金 | 1,200 |
|---|---|---|---|---|
| 売　　　　上 | 200 [03] | | | |

03) 1,200円 − 1,000円 = 200円

　　見積額よりも返品が多かったため、売上を減少させます。

② 商品の返品

| (借)商　　　　品 | 720 | (貸)返 品 資 産 | 600 |
|---|---|---|---|
| | | 売 上 原 価 | 120 [04] |

04) 720円 − 600円 = 120円

　　見積額よりも返品が多かったため、売上原価を減少させます。

### (仮に返品が900円 (原価540円) であった場合)

① 返金

| (借)返 金 負 債 | 1,000 | (貸)現 | 金 | 900 |
|---|---|---|---|---|
| | | 売 | 上 | 100 [05] |

05) 1,000円 − 900円 = 100円

　　見積額よりも返品が少なかった (よく売れた) ため、売上を増加させます。

② 商品の返品

| (借)商　　　　品 | 540 | (貸)返 品 資 産 | 600 |
|---|---|---|---|
| 売 上 原 価 | 60 [06] | | |

06) 600円 − 540円 = 60円

　　見積額よりも返品が少なかった (よく売れた) ため、売上原価を増加させます。

次の取引の仕訳を示しなさい。会計期間は4月1日から3月31日までの1年間である。商品の記帳は三分法による。なお、計算の過程で端数が出る場合には、円未満を四捨五入（割引計算は現在価値の時点で四捨五入）すること。

- 当社は、×1年4月1日にA社に以下の条件で、商品（取得原価360,000円）を600,000円で割賦販売した。

  代金は、(1)商品の販売時に200,000円、(2)×2年3月31日、(3)×3年3月31日に、それぞれ200,000円を現金で受取った。

- 割賦金には年利1%（複利）の利息が含まれており、商品の現金販売価格は？円である。当社では取引価格に重要な金融要素が含まれていると判断するとともに、利息要素を区分して処理し利息の配分は利息法により計算する。

- 商品の引渡時に売上収益を全額計上する。

- 債権については、債権金額から利息を控除した金額で計上する。

► ポイント

　顧客との契約に重要な金融要素（金利部分）が含まれる場合、**収益を現金販売価格で計上し、金利部分を受取利息として決済期日まで配分します。**

仕訳

(1) 販売時（×1年4月1日）

| （借）現 | 金 | 200,000 | （貸）割 賦 売 上 | 594,079 [(02)] |
| 　　割 賦 売 掛 金 | | 394,079 [(01)] | | |

01) 400,000円のうちには以下の利息が含まれていると考えます。

　　×2年3月末支払分200,000円：1年後に支払うため1年分の利息が含まれています。

　　×3年3月末支払分200,000円：2年後に支払うため2年分の利息が含まれています。

　　そのため、以下の式で利息を除いた金額を計算します。

$$\frac{200,000 円}{1.01} + \frac{200,000 円}{1.01^2} = 394,079.01 \cdots \rightarrow 394,079 円$$

02) 200,000 円 + 394,079 円 = 594,079 円

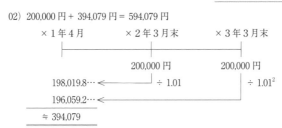

なお、×1年4月受取分については、利息は含まれていません。

## (2) 債権回収時 (×2年3月31日)

| (借) 現 金 | 200,000 | (貸) 割 賦 売 掛 金 | 196,059 | [04] |
| | | 受 取 利 息 | 3,941 | [03] |

03) 394,079 円(割賦売掛金)× 1 % = 3,940.79 → 3,941 円

04) 200,000 円 − 3,941 円 = 196,059 円

×2年3月31日現在の割賦売掛金残高:394,079 円 − 196,059 円
                        = 198,020 円

## (3) 債権回収時 (×3年3月31日)

| (借) 現 金 | 200,000 | (貸) 割 賦 売 掛 金 | 198,020 | [05] |
| | | 受 取 利 息 | 1,980 | [06] |

05) 最終年度は割賦売掛金を全額減らします。

06) 最終年度は、利息を差額で計算します。200,000 円 − 198,020 円 = 1,980 円

次の取引の仕訳を示しなさい。

(1)　商品販売時
　①　当社は、乙社から商品Ｂの販売を請け負っており、当社の店舗で販売を行っている。商品Ｂが当社に納品されたときに当社は商品の検収を行っておらず、商品の所有権および保管責任は乙社が有している。そのため、商品Ｂ納品時に、当社では仕入計上を行っていない。

　②　当社は、顧客に商品Ｂを 10,000 円で販売し、代金は現金で受け取った。販売した商品の当社の仕入値は 7,000 円であり、乙社に後日支払う。

(2)　代金支払時
　　乙社に、買掛金 7,000 円を現金で支払った。

➤ポイント

　取引価格は、商品やサービスの顧客への移転と交換に、企業が権利を得ると見込む対価の額となります。しかし、**代理人取引に該当する場合の代金回収**は、当社のために回収する額ではなく、**第三者のために回収する額であるため、取引価格には含めません**。

　他社が顧客に対して行う商品やサービスの提供を、当社が他社から請け負っているにすぎない場合には、当社は取引の代理人に該当します。

　当社が取引の代理人にすぎないときは、他社から受け取る**手数料の金額**(顧客から受け取る額から他社に支払う額を引いた金額)を**収益として計上**します。

**仕訳**

(1) 商品販売時

　　当社が取引の代理人にすぎない場合、商品の仕入・販売を行っても、売上と売上原価を計上せずに、純額の手数料部分を収益に計上します。

| (借)現　　　　　金 | 10,000 | (貸)手 数 料 収 入 | 3,000 [01] |
|---|---|---|---|
| | | または(受取手数料) | |
| | | 買　　　掛　　　金 | 7,000 |

01)　10,000 円 − 7,000 円 = 3,000 円

(2) 代金支払時

| (借)買　　掛　　金 | 7,000 | (貸)現　　　　　金 | 7,000 |
|---|---|---|---|

---

**研究　　　ポイントは「もらって嬉しいもの」ではなく「使わないと損するもの」になった**

　　ポイントを付与したときの処理を「カスタマー・ロイヤルティー・プログラム」で学習します。

　　その処理をよく見ると、購入者は「販売者が計上する売上以上に代金を支払っている」と考えることもできます。

　　この場合、好むと好まざるとにかかわらず購入者は「ポイントを代金を支払って購入している」とも考えられます。

　　ですから、収益認識に関する会計基準が適用されることにより、ポイントは「もらって嬉しいもの」ではなく、「使わないと損するもの」となったともいえます。

　　街で買い物をすると「○○カードお持ちですか？」と聞かれ「いいえ」と答えると、それで代金が安くなるわけではないので、ポイント分を相手に寄附しているような状況になると考えてもいいでしょう。ポイ活、しなきゃ損ですね。

次の取引の仕訳を示しなさい。

(1) 当社は商品券 11,000 円を発行し、顧客より現金を受け取った。

(2) 顧客より 7,000 円の商品券の提示を受け、同額の商品を引き渡した。

本書では、本試験での重要性を考慮し、収益認識に関する個別論点として、商品券の発行、ポイント制度、契約資産が計上される場合について記載しています。

➤ ポイント

企業が商品券を発行し商品券の代金を受け取り、後日、顧客が商品購入時に商品券を提示し代金の支払いに充てることがあります。

商品またはサービスを提供する**履行義務を充足する前に顧客から支払いを受けたときは、契約負債**を計上します。そして、履行義務を充足したときに契約負債を減少させ、収益を計上します。

**仕訳**

(1) 商品券発行時

(借) 現　　　　金 11,000　(貸) 契　約　負　債 11,000
　　　　　　　　　　　　　　　　　または(発行商品券)

(2) 商品の提供時

(借) 契　約　負　債 7,000　(貸) 売　　　　上 7,000
　　　または(発行商品券)

### 仕訳の科目について

　本書は、「収益認識に関する会計基準の適用指針」の設例の科目にもとづいて説明しています。しかし、実際に企業が仕訳をするにあたっては、より詳細な勘定科目を用いることが考えられます。

　例えば、「契約負債」については、企業が仕訳をするにあたってすべて「契約負債」で処理してしまうと、企業内で詳細な残高の把握と管理が難しくなります。

　簿記の試験では、用いる勘定科目について問題文や答案用紙に指示が入ると思いますので、それに従って解答するようにしてください。

**研究** 　発行した商品券は、結局、なに？

　発行した商品券は「前受金を証券化したもの」に相当すると言われています。
　商品を販売する前に、商品代金を受け取って商品券を発行するのですから、前受金を証券化したものですね。ですから、この処理でも前受金と同じ性質を持つ『契約負債』を用いて処理しています。

　なお、最終的に商品券が使われなかった場合には、次の仕訳が行われます。

(借) 契　約　負　債　××　(貸) 雑　　収　　入　××

次の取引の仕訳を示しなさい。

(1) 当社は、×1期に商品券11,000円を発行し、顧客より現金を受け取った。なお、商品券の過去の使用実績から、商品券発行額のうち1,000円を非行使部分と見積もった。

(2) ×1期に3,000円の商品券の提示を受け、商品を引き渡した。

(3) 非行使部分1,000円のうち、×1期の権利行使分に対応する分を収益計上した。

(4) ×2期に7,000円の商品券の提示を受け、商品を引き渡した。

(5) 非行使部分1,000円のうち、×2期の権利行使分に対応する分を収益計上した。

▶ポイント

　商品券の中には有効期限が設定されていて、その有効期限を過ぎたら失効するものがあります。また、有効期限が設定されていなくても、発行した商品券がいつまでたっても使用されないこともあります。

　対価を受け取った**商品券のうち使用されないと見込まれる部分（権利非行使部分）**について過去の実績から企業が権利を得ると見込む場合は、一括して収益計上をせずに、**権利行使の割合に応じて比例的に収益を計上**します。

仕訳

(1) 商品券の発行

(借)現 金 11,000 (貸)契 約 負 債 11,000

(2) 商品の提供（×1期）

商品提供分について契約負債から収益に振り替えます。

(借)契 約 負 債 3,000 (貸)売 上 3,000

(3) 非行使分の収益計上

権利非行使分の金額に権利行使割合を掛けた金額を収益として認識します。

$$収益認識額 = 権利非行使分 \times \frac{権利行使額}{権利行使見込み総額}$$

(借)契 約 負 債 300 [01] (貸)雑 収 入 300

01) $1,000 円 \times \dfrac{3,000 円}{10,000 円} = 300 円$

(4) 商品の提供（×2期）

(借)契 約 負 債 7,000 (貸)売 上 7,000

(5) 非行使部分の収益計上

(借)契 約 負 債 700 [02] (貸)雑 収 入 700

02) $1,000 円 \times \dfrac{7,000 円}{10,000 円} = 700 円$

　次の取引の仕訳を示しなさい。なお、円未満の端数が生じたときは四捨五入する。

　当社はポイント制度を採用しており、販売価格 100 円につき 1 ポイント付与し、顧客は次回以降に、1 ポイント 1 円で商品と交換できる。

(1)　×1 年度に商品を 125,000 円で現金販売し、顧客に 1,250 ポイントを付与した。

　　1,250 ポイントのうち過去の実績より 80％分の 1,000 ポイントは使用を見込んでおり、残り 20％分の 250 ポイントは未使用と見込んでいる。

　　商品の独立販売価格は 125,000 円、ポイントの独立販売価格は使用見込みを考慮して 1,000 円と見積もられた。

(2)　×2 年度の商品販売額は 150,800 円であり、そのうち現金売上は 150,000 円、×1 年度に付与したポイントの使用による売上は 800 円であった。顧客に付与したポイントは 1,500 ポイントであり、20％の未使用を見込んでいる。使用見込み総ポイントの変更はなかった。

　　商品の独立販売価格は 150,000 円、ポイントの独立販売価格は 1,200 円と見積もられた。商品売上およびポイント付与の仕訳と、ポイントの利用の仕訳を分けて行う。

## ▶ポイント

　小売業やサービス業において、販売促進などを目的として、顧客にポイントを付与し、顧客はポイントと交換に商品を受け取ったり、次回、商品を購入するときの購入代金にあてることがあります。これをポイント制度といいます。

　顧客に付与したポイントが重要な権利の提供と判断される場合には、ポイントによる顧客の権利を企業の履行義務として認識し、ポイント付与時に**ポイント使用見込み分について、商品等の引渡し義務を契約負債として計上**します。

**仕 訳**

(1) 商品の引渡し（×1年度）

　　顧客から得た対価125,000円を、独立販売価格の比率で商品販売分とポイント使用見込み分に配分します。商品販売分を収益計上し、ポイント使用見込み分を契約負債として計上します。

| （借）現　　　　金 | 125,000 | （貸）売　　　　　　上 | 124,008 [01] |
|---|---|---|---|
| | | 契　約　負　債 | 992 [02] |

01) 商品への配分額：$125,000 円 \times \dfrac{125,000 円}{125,000 円 + 1,000 円} = 124,007.93... \rightarrow 124,008 円$

02) ポイントへの配分額：$125,000 円 \times \dfrac{1,000 円}{125,000 円 + 1,000 円} = 992.06... \rightarrow 992 円$

(2) 商品の引渡し（×2年度）

| （借）現　　　　金 | 150,000 | （貸）売　　　　　　上 | 148,810 [03] |
|---|---|---|---|
| | | 契　約　負　債 | 1,190 [04] |

03) 商品への配分額：$150,000 円 \times \dfrac{150,000 円}{150,000 円 + 1,200 円} = 148,809.52... \rightarrow 148,810 円$

04) ポイントへの配分額：$150,000 円 \times \dfrac{1,200 円}{150,000 円 + 1,200 円} = 1,190.47... \rightarrow 1,190 円$

(3) ポイントの使用

　　ポイントが使用されるに応じて、ポイントに係る契約負債を収益に振り替えます。

$$収益認識額 ＝ ポイントへの配分額 \times \frac{使用ポイント}{使用見込み総ポイント}$$

| （借）契　約　負　債 | 794 [05] | （貸）売　　　　　　上 | 794 |
|---|---|---|---|

05) $992 円 \times \dfrac{800 ポイント}{1,000 ポイント} = 793.6 \rightarrow 794 円$

次の資料に基づいて、×2年3月期の決算整理仕訳を行うとともに当期の損益計算書および貸借対照表を作成しなさい。なお、計算の過程で生じる端数は四捨五入すること。

決算整理前残高試算表（一部）（単位：円）

|  |  |  |
|---|---|---|
| 契　約　負　債 | | 10,000 |
| 売　　　　　上 | | 1,000,000 |

(1) 売上のうち×2年2月および3月中に計上したものは、それぞれ100,000円および90,000円であった。なお、売上はすべて現金で受け取っている。

　　このうち10％に相当する金額は、カスタマー・ロイヤルティ・プログラム（顧客向け販売促進活動）の一環として新たに付与したポイント（商品に交換できる）に配分すべき額である。

(2) ×2年2月中に付与したポイントのうち20％、3月中に付与したポイントのうち40％は、決算日現在において未使用であった。ポイントの失効はない。

## ポイント

売上計上時に、契約負債や返金負債の金額を見積って仕訳計上する場合と、売上計上時に販売価額総額で計上し、決算時に売上から契約負債または返金負債に振り替える場合があります。

## 仕訳

(1) **ポイント付与時**

① 会社の仕訳

| （借）現 | 金 190,000 [01] | （貸）売 | 上 190,000 |
|---|---|---|---|

01) 100,000円 + 90,000円 = 190,000円

② 正しい仕訳

| （借）現 | 金 190,000 | （貸）売 | 上 171,000 [03] |
|---|---|---|---|
| | | 契　約　負　債 | 19,000 [02] |

02）100,000 円 × 10% + 90,000 円 × 10% = 19,000 円

03）（100,000 円 + 90,000 円）－ 19,000 円 = 171,000 円

③ 修正仕訳

| （借）売 上 | 19,000 | （貸）契 約 負 債 | 19,000 |
| --- | --- | --- | --- |

**⑵ ポイント使用時（未処理）**

　ポイント配分額から未使用額を引いて使用額を計算し、契約負債から売上に振り替えます。

| （借）契 約 負 債 | 13,400 | （貸）売 上 | 13,400 |
| --- | --- | --- | --- |

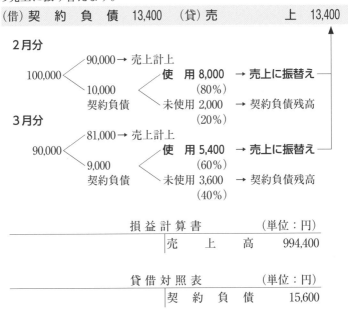

| 損 益 計 算 書 | （単位：円） |
| --- | --- |
| 売 上 高 | 994,400 |

| 貸 借 対 照 表 | （単位：円） |
| --- | --- |
| 契 約 負 債 | 15,600 |

　なお、決算整理前残高試算表の契約負債は × 2 年 1 月までに係るものです。

当社（3月決算）はA社に対し、×1年1月から6月までに商品（売価 100円 / 個）を 100個以上購入した場合に、1個当たり10%の値引を行い、×1年6月30日の売掛金残高と相殺する旨を通知した。消費税は考慮しない。

(1) ×1年2月1日にA社に商品70個を掛けで販売した。

(2) ×1年3月31日時点の×1年4月1日から6月30日までのA社への販売予想は80個であった。決算整理仕訳として返金負債を計上する。

(3) 当社では×1年4月1日（期首）に前期の変動対価分を戻入れている。

(4) ×1年6月20日にA社に商品130個を掛けで販売した。

(5) ×1年6月30日にA社への数量値引額が確定したため、売掛金と相殺した。

## ➤ポイント

問題文の指示より返金負債を決算時に計上します。

返金負債の翌期首の処理については、前期末残高を戻入れる方法（洗替法）と、戻入れない方法（切放法）があります。

## 仕訳 ▶

(1) **商品販売時（×1年2月1日）**

（借）売　掛　金　7,000 [01]　（貸）売　　　　上　7,000

01）@ 100円 × 70個 = 7,000円

(2) **決算時（×1年3月31日）**

（借）売　　　　上　700 [02]　（貸）返　金　負　債　700

02）7,000円 × 10% = 700円

(3) **期首（×1年4月1日）**

（借）返　金　負　債　700　（貸）売　　　　上　700

(4) **商品販売時（×1年6月20日）**

（借）売　掛　金　13,000 [03]　（貸）売　　　　上　13,000

03）@ 100円 × 130個 = 13,000円

**(5) 売掛金と相殺時（×1年6月30日）**

① 返金負債（1月～6月）の計上

(借) 売　　　　　上　2,000 <sup>(04)</sup>　(貸) 返 金 負 債　2,000

04)（7,000円 + 13,000円）× 10% = 2,000円

② 売掛金との相殺

(借) 返 金 負 債　2,000　(貸) 売　　掛　　金　2,000

　上記の①と②の仕訳の返金負債を相殺すると、次のようになります。

　期首に前期の返金負債を戻入れているため、数量値引が確定したときに、結果として、売掛金と売上を減らすことになります。（全経簿記上級で出題）

(借) 売　　　　　上　2,000　(貸) 売　　掛　　金　2,000

**参考 切放法の場合**

　切放法の場合の仕訳は次のとおりです。(1)と(2)の仕訳は洗替法と同じです。

**(3) 期首（×1年4月1日）**

仕 訳 な し

**(4) 商品販売時（×1年6月20日）**

(借) 売　　掛　　金　13,000　(貸) 売　　　　　上　13,000

**(5) 売掛金と相殺時（×1年6月30日）**

① 返金負債（4月～6月）の計上

(借) 売　　　　　上　1,300 <sup>(05)</sup>　(貸) 返 金 負 債　1,300

05) 13,000円 × 10% = 1,300円

② 売掛金との相殺

(借) 返 金 負 債　2,000　(貸) 売　　掛　　金　2,000

　上記の①と②の仕訳の相殺

(借) 返 金 負 債　　700　(貸) 売　　掛　　金　2,000
　　 売　　　　　上　1,300

**数量値引（消費税を考慮する場合）** 重要度 B

当社（3月決算）はA社に対し、×1年1月から6月までに商品（売価100円/個、消費税抜き）を100個以上購入した場合に、1個当たり10%の値引を行い、×1年6月30日の売掛金残高と相殺する旨を通知した。消費税10%を考慮する。

(1) ×1年2月1日にA社に商品70個を掛けで販売した。
(2) ×1年3月31日時点の×1年4月1日から6月30日までのA社への販売予想は80個であった。決算整理仕訳として返金負債を計上する。
(3) 当社では×1年4月1日（期首）に前期の変動対価分を戻入れている。
(4) ×1年6月20日にA社に商品130個を掛けで販売した。
(5) ×1年6月30日にA社への数量値引額が確定したため、売掛金と相殺した。

## ➤ポイント

消費税法上、変動対価という考え方はないため、返金負債そのものに対して仮受消費税等を計上しません。
一方、実際に返金（売掛金と相殺）をしたときは仮受消費税等を減らします。

## 仕訳 ▶

(1) **商品販売時（×1年2月1日）**

| （借）売 掛 金 | 7,700 | （貸）売 上 | 7,000 (01) |
|---|---|---|---|
| | | 仮 受 消 費 税 等 | 700 (02) |

01) @100円 × 70個 = 7,000円　　02) 7,000円 × 10% = 700円

(2) **決算時（×1年3月31日）**

| （借）売 上 | 700 (03) | （貸）返 金 負 債 | 700 |
|---|---|---|---|

03) 7,000円 × 10% = 700円

(3) **期首（×1年4月1日）**

| （借）返 金 負 債 | 700 | （貸）売 上 | 700 |
|---|---|---|---|

(4) **商品販売時（×1年6月20日）**

| （借）売 掛 金 | 14,300 | （貸）売 上 | 13,000 |
|---|---|---|---|
| | | 仮 受 消 費 税 等 | 1,300 |

(5) **売掛金と相殺時（×1年6月30日）**

① 返金負債（1月～6月）の計上

(借) 売　　　　　上　2,000 <sup>04)</sup> (貸) 返 金 負 債　2,000

04) (7,000円 + 13,000円) × 10% = 2,000円

② 売掛金との相殺

(借) 返 金 負 債　2,000　(貸) 売　　掛　　金　2,200 <sup>06)</sup>
　　仮 受 消 費 税 等　　200 <sup>05)</sup>

05) 2,000円 × 10% = 200円　06) 2,000円 × 110% = 2,200円

上記の①と②の仕訳の返金負債を相殺すると、次のようになります。

(借) 売　　　　　上　2,000　(貸) 売　　掛　　金　2,200
　　仮 受 消 費 税 等　　200

---

**参考** 切放法の場合

(3) **期首（×1年4月1日）**

仕　訳　な　し

(4) **商品販売時（×1年6月20日）**

(借) 売　　掛　　金　14,300　(貸) 売　　　　　上　13,000
　　　　　　　　　　　　　　　　　　仮 受 消 費 税 等　 1,300

(5) **売掛金と相殺時（×1年6月30日）**

① 返金負債（4月～6月）の計上

(借) 売　　　　　上　1,300 <sup>07)</sup> (貸) 返 金 負 債　1,300

07) 13,000円 × 10% = 1,300円

② 売掛金との相殺

(借) 返 金 負 債　2,000　(貸) 売　　掛　　金　2,200
　　仮 受 消 費 税 等　　200

上記の①と②の仕訳の相殺

(借) 返 金 負 債　　700　(貸) 売　　掛　　金　2,200
　　売　　　　　上　1,300
　　仮 受 消 費 税 等　　200

## 問題12 売上割引 | 重要度 B

次の取引のA社の仕訳を示しなさい。商品売買は三分法により記帳する。

(1) A社は、×2年7月1日にB社に商品を10,000円で売り上げ、代金は掛けとした。支払期日は×2年8月31日であるが、10日以内に代金を支払った場合、代金の5％を割り引くという条件を付けた。

A社はこれまでのB社の支払実績をもとに代金の5％分を除いた額を収益として計上する。

(2) ×2年7月8日に、販売代金から割引額を引いた額がB社の当座預金口座よりA社の当座預金口座に振り込まれた。

### ➤ポイント

商品を掛けで売り上げた場合に、支払期日前の一定期間内に買い手が代金を支払ったときは**代金の一部を免除する**という条件を付けることがあります。これを**売上割引**といいます。

**売上割引**は**変動対価に該当する**と考えられます。そのため、販売時に売上割引の条件を付け、受け取る対価が減額する可能性が高い場合、**減額すると見積もられる額を除いて収益を計上**します。このとき、支払いの免除により減額すると見積もられた額について**返金負債**を計上することが考えられます。

### 仕訳

(1) **商品販売時**

| (借)売　掛　金 | 10,000 | (貸)売　　　　　上 | 9,500 [02] |
|---|---|---|---|
| | | 返　金　負　債 | 500 [01] |

01) 10,000円×5％ = 500円　　02) 10,000円 − 500円 = 9,500円

(2) **代金回収時**

代金回収時に返金負債を減らします。

(借) 当 座 預 金 9,500 (貸) 売 掛 金 10,000
返 金 負 債 500

**参考** 仕入割引

売上割引を買手の立場からみたものが仕入割引です。

代金の一部を免除してもらったとき買手はその分の利息を受取ったものと考え、**仕入割引勘定（収益）**を用いて、**損益計算書上、営業外収益の区分に表示**します。

**B社の仕訳**

(1) **商品仕入時**

(借) 仕 入 10,000 (貸) 買 掛 金 10,000

(2) **代金支払い時**

(借) 買 掛 金 10,000 (貸) 当 座 預 金 9,500
仕 入 割 引 500

これまで売手側では売上割引勘定で処理していましたが、収益認識基準の適用により売手側と買手側の処理が非対称となっています。

## 問題13 契約資産が計上される場合　　重要度 B

次の取引の仕訳を示しなさい。当社の決算日は 3 月 31 日である。

(1) 当社は、甲社と商品Aおよび商品Bを合わせて 10,000 円で販売する契約を締結した。10,000 円の対価は、当社が商品Aと商品Bの両方を甲社に移転した後にはじめて支払われる契約となっている。

(2) 商品Aの独立販売価格は 4,400 円、商品Bの独立販売価格は 6,600 円である。

(3) ×1年3月1日に商品Aを甲社に移転した。

(4) ×1年5月1日に商品Bを甲社に移転した。

### ➤ポイント

　1つの契約の中に1つの履行義務がある場合、企業が顧客に対して履行義務を充足したときに、顧客の支払義務と、企業の顧客に対する法的な債権が発生し、売掛金を計上します。

　一方、1つの契約の中に2つの履行義務があり、2つの履行義務を充足してはじめて顧客に支払義務が発生する契約を締結する場合があります。

　その場合、最初の履行義務を充足したときは、顧客の支払義務および法的な債権が発生していません。このように**履行義務を充足しても法的な債権として発生していないときは、契約資産を計上**します。

**仕 訳**

(1) 商品Aの引渡し時（×1年3月1日）

（借）契 約 資 産　4,000 [01]（貸）売　　　　上　4,000

01)　$10,000\,円 \times \dfrac{4,400\,円}{4,400\,円 + 6,600\,円} = 4,000\,円$

(2) 商品Bの引渡し時（×1年5月1日）

商品Aと商品Bの両方の引渡しにより顧客に支払義務が発生するため、商品Aについて契約資産から売掛金に振り替えます。また、商品Bについて収益と売掛金の計上を行います。

（借）売　掛　金　10,000　（貸）契 約 資 産　4,000
　　　　　　　　　　　　　　　　　売　　　　上　6,000 [02]

02)　$10,000\,円 \times \dfrac{6,600\,円}{4,400\,円 + 6,600\,円} = 6,000\,円$

**研 究　契約資産と売掛金の違い**

契約資産も売掛金も履行義務の充足の対価に係る権利ですが、契約資産は顧客への請求前の権利であり、売掛金は顧客への請求後の権利となります。

## 35 章 包括利益

| 問題 1 | 包括利益 1 | 重要度 B |

P 社は S 社の発行済株式のうち、80％を所有している。次の資料にもとづき、当期の連結包括利益計算書を作成しなさい。なお、税効果会計は適用しない。

1. 連結損益計算書

| 連結損益計算書 | (単位：円) |
|---|---|
| Ⅰ　諸　　収　　益 | 15,000 |
| Ⅱ　諸　　費　　用 | 10,000 |
| 　　税金等調整前当期純利益 | 5,000 |
| 　　法人税、住民税及び事業税 | 1,500 |
| 　　当期純利益 | 3,500 |
| 　　非支配株主に帰属する当期純利益 | 200 |
| 　　親会社株主に帰属する当期純利益 | 3,300 |

2. P 社が保有するその他有価証券は、次のとおりである。

| 銘　柄 | 取得原価 | 前期末時価 | 当期末時価 |
|---|---|---|---|
| A 社株式 | 1,000 円 | 1,100 円 | 1,250 円 |

➤ ポイント

利益の計算の考え方には、収益費用アプローチと資産負債アプローチがあります。

収益費用アプローチ：収益から費用を引いた額を利益とする考え方

資産負債アプローチ：純資産の増加額を利益とする考え方

企業会計原則をはじめとするこれまでの日本の会計基準では、適正な期間損益計算を目的として収益費用アプローチに基づく処理が中心でした。しかし、近年の会計基準では、企業価値の計算を目的とする諸外国の資産負債アプローチに基づく処理を徐々に取り入れています。

その流れから連結上は、包括利益も表示するようになりましたが、個別上は税法（税金の支払い）や会社法（分配可能額）との関係から資金的裏付けのある当期純利益が表示されています。

　包括利益では、事業活動によって得た利益（当期純利益）だけでなく、資産・負債の価値の変動（その他の包括利益）も利益ととらえます。

> その他有価証券評価差額金：その他有価証券の価値の変動（未実現の評価損益）
> 繰 延 ヘ ッ ジ 損 益：デリバティブの価値の変動の繰延べ（未実現の評価損益）
> 退職給付に係る調整額：退職給付債務・年金資産の価値の変動
> 　　　　　　　　　　　（未実現の退職給付費用）
> 為替換算調整勘定：在外子会社の財務諸表項目の価値の変動
> 　　　　　　　　　　　（未実現の為替差損益）

### ▶ 連結包括利益計算書

| 連結包括利益計算書 | （単位：円） |
|---|---|
| 当期純利益 | **3,500** |
| その他の包括利益： | |
| 　その他有価証券評価差額金 | **150** |
| 包括利益 | **3,650** |
| （内訳） | |
| 　親会社株主に係る包括利益 | **3,450** |
| 　非支配株主に係る包括利益 | **200** |

1．その他の包括利益
　　前期末のその他有価証券評価差額金：1,100円 − 1,000円 = 100円
　　当期末のその他有価証券評価差額金：1,250円 − 1,000円 = 250円
　　その他の包括利益：250円 − 100円 = 150円

2．包括利益の内訳
　　親会社株主に係る包括利益：3,300円 + 150円 = 3,450円
　　（親会社株主に帰属する当期純利益　親会社株主に係るその他の包括利益）
　　非支配株主に係る包括利益：200円 + 0円 = 200円
　　（非支配株主に帰属する当期純利益　非支配株主に係るその他の包括利益）

　連結貸借対照表は、次のとおりとなります。

| 連結貸借対照表 | （単位：円） |
|---|---|
| Ⅱ　その他の包括利益累計額 | |
| 　その他有価証券評価差額金 | 250 |

　P社は前期末にS社の発行済株式のうち、80％を8,000円で取得している。次の資料にもとづき、当期の連結包括利益計算書を作成しなさい。なお、税効果会計は適用しない。

1. 前期末のS社の資本は、次のとおりである。
　資本金：5,000円、利益剰余金：4,900円、
　その他有価証券評価差額金：100円

2. S社の当期純利益は1,000円である。

3. 連結損益計算書

| 連結損益計算書 | （単位：円） |
|---|---|
| Ⅰ　諸　　収　　益 | 15,000 |
| Ⅱ　諸　　費　　用 | 10,000 |
| 税金等調整前当期純利益 | 5,000 |
| 法人税、住民税及び事業税 | 1,500 |
| 当期純利益 | 3,500 |
| 非支配株主に帰属する当期純利益 | 200 |
| 親会社株主に帰属する当期純利益 | 3,300 |

4. S社が保有するその他有価証券は、次のとおりである。

| 銘　柄 | 取得原価 | 前期末時価 | 当期末時価 |
|---|---|---|---|
| A社株式 | 1,000円 | 1,100円 | 1,250円 |

1. その他の包括利益
　前期末のその他有価証券評価差額金：1,100円 − 1,000円 = 100円
　当期末のその他有価証券評価差額金：1,250円 − 1,000円 = 250円
　その他の包括利益：250円 − 100円 = 150円

2．包括利益の内訳

親会社株主に係る包括利益：$\underset{\substack{\text{親会社株主に帰属する}\\\text{当期純利益}}}{3,300\text{ 円}} + \underset{\substack{\text{親会社株主に係る}\\\text{その他の包括利益}}}{150\text{ 円} \times 80\%} = 3,420\text{ 円}$

非支配株主に係る包括利益：$\underset{\substack{\text{非支配株主に帰属する}\\\text{当期純利益}}}{200\text{ 円}} + \underset{\substack{\text{非支配株主に係る}\\\text{その他の包括利益}}}{150\text{ 円} \times 20\%} = 230\text{ 円}$

### ▶連結包括利益計算書

連結包括利益計算書 （単位：円）

| | |
|---|---:|
| 当期純利益 | **3,500** |
| その他の包括利益： | |
| 　その他有価証券評価差額金 | **150** |
| 包括利益 | **3,650** |
| （内訳） | |
| 　親会社株主に係る包括利益 | **3,420** |
| 　非支配株主に係る包括利益 | **230** |

(1)　連結開始仕訳

| （借）資本金当期首残高 | 5,000 | （貸）S 社 株 式 | 8,000 |
|---|---:|---|---:|
| 利益剰余金当期首残高 | 4,900 | 非支配株主持分当期首残高 | 2,000 |
| その他有価証券評価差額金当期首残高 | 100 | | |

(2)　子会社の当期純利益の振替え

| （借）非支配株主に帰属する当期純利益 | 200 [01] | （貸）非支配株主持分当期変動額 | 200 |
|---|---:|---|---:|

01）1,000 円× 20% = 200 円

(3)　子会社のその他有価証券評価差額金当期変動額の振替え

| （借）その他有価証券評価差額金当期変動額 | 30 [02] | （貸）非支配株主持分当期変動額 | 30 |
|---|---:|---|---:|

02）150 円× 20% = 30 円

(4)　連結貸借対照表

連結貸借対照表 （単位：円）

| | |
|---|---:|
| Ⅱ　その他の包括利益累計額 | |
| 　その他有価証券評価差額金 | 120 |
| Ⅲ　非支配株主持分 | 2,230 [03] |

03）2,000 円＋ 200 円＋ 30 円＝ 2,230 円

次の資料に基づいて、各期の退職給付に係る連結修正仕訳を示しなさい。税効果会計（税率30%）を適用する。子会社では退職給付引当金を計上していない。

## 1．×1年3月末

(1) 数理計算上の差異1,000円（借方差異）が親会社で発生した。

数理計算上の差異は発生年度の翌年度より10年で償却する。

(2) 退職給付債務：50,000円（実績）、年金資産：30,000円（実績）

(3) 連結損益計算書の当期純利益は10,000円である。

| 親会社 | 貸 借 対 照 表 | （単位：円） |
|---|---|---|
| 繰延税金資産　　5,700 | 退職給付引当金　19,000 | |

## 2．×2年3月末

(1) 数理計算上の差異の償却を行う。

(2) 退職給付債務：60,900円（実績）、年金資産：35,000円（実績）

(3) 連結損益計算書の当期純利益は12,000円である。

| 親会社 | 貸 借 対 照 表 | （単位：円） |
|---|---|---|
| 繰延税金資産　　7,500 | 退職給付引当金　25,000 | |

### ➤ポイント

　未認識数理計算上の差異及び未認識過去勤務費用は、連結貸借対照表上、退職給付に係る負債に含めるとともに、退職給付に係る調整（累計）額として、その他の包括利益に計上します。

### 仕訳 ▶

## 1．×1年3月末

(1) 科目の振替え

| （借）退職給付引当金 | 19,000 | （貸）退職給付に係る負債 | 19,000 |
|---|---|---|---|

(2) 未認識数理計算上の差異の計上

| （借）退職給付に係る調整累計額(当期変動額) | 1,000 | （貸）退職給付に係る負債 | 1,000 |
|---|---|---|---|
| （借）繰 延 税 金 資 産 | 300 [01] | （貸）退職給付に係る調整累計額(当期変動額) | 300 |

01）1,000円×30%＝300円

連結包括利益計算書　　（単位：円）

| | |
|---|---|
| 当期純利益 | 10,000 |
| その他の包括利益： | |
| 　退職給付に係る調整額 | △ 700 |
| 包括利益 | 9,300 |

連結貸借対照表　　（単位：円）

| | | | |
|---|---|---|---|
| 繰 延 税 金 資 産 | 6,000 | 退職給付に係る負債 | 20,000 |
| | | 退職給付に係る調整累計額 | △ 700 |

## 2．×2年3月末

(1)　科目の振替え

（借）退職給付引当金　25,000　　（貸）退職給付に係る負債　25,000

(2)　開始仕訳（未認識数理計算上の差異の計上）

（借）退職給付に係る調整累計額（当期首残高）　1,000　　（貸）退職給付に係る負債　1,000

（借）繰 延 税 金 資 産　300　　（貸）退職給付に係る調整累計額（当期首残高）　300

(3)　数理計算上の差異の償却

償却額について、差異計上時の貸借逆の仕訳を行います。

（借）退職給付に係る負債　100 [02]　（貸）退職給付に係る調整累計額（当期変動額）　100

（借）退職給付に係る調整累計額（当期変動額）　30 [03]　（貸）繰 延 税 金 資 産　30

02) 1,000 円 ÷ 10 年 = 100 円　　03) 100 円 × 30% = 30 円

連結包括利益計算書　　（単位：円）

| | |
|---|---|
| 当期純利益 | 12,000 |
| その他の包括利益： | |
| 　退職給付に係る調整額 | 70 |
| 包括利益 | 12,070 |

連結貸借対照表　　（単位：円）

| | | | |
|---|---|---|---|
| 繰 延 税 金 資 産 | 7,770 | 退職給付に係る負債 | 25,900 |
| | | 退職給付に係る調整累計額 | △ 630 |

次の資料に基づいて、各期の退職給付に係る連結修正仕訳を示しなさい。税効果会計（税率30%）を適用する。子会社では退職給付引当金を計上していない。

**1．×1年3月末**

(1) 過去勤務費用1,000円（借方差異）が親会社で発生している。
　　過去勤務費用は発生年度より10年で償却する。

(2) 退職給付債務：50,000円（実績）、年金資産：30,000円（実績）

(3) 連結損益計算書の当期純利益は9,900円である。

| 親会社 | 貸 借 対 照 表 | （単位：円） |
|---|---|---|
| 繰延税金資産　5,730 | 退職給付引当金　19,100 | |

**2．×2年3月末**

(1) 過去勤務費用の償却を行う。

(2) 退職給付債務：60,900円（実績）、年金資産：35,000円（実績）

(3) 連結損益計算書の当期純利益は12,000円である。

| 親会社 | 貸 借 対 照 表 | （単位：円） |
|---|---|---|
| 繰延税金資産　7,530 | 退職給付引当金　25,100 | |

**➤ポイント**

過去勤務費用の場合、発生年度より償却します。発生年度の償却分（100円）は個別上、退職給付引当金として計上されているため、未認識分（900円）を連結上、その他の包括利益として認識します。

**仕 訳　▶**

**1．×1年3月末**

(1) 科目の振替え

| （借）退職給付引当金 | 19,100 | （貸）退職給付に係る負債 | 19,100 |
|---|---|---|---|

(2) 未認識過去勤務費用の計上

| （借）退職給付に係る調整累計額（当期変動額） | 900 [01] | （貸）退職給付に係る負債 | 900 |
|---|---|---|---|
| （借）繰 延 税 金 資 産 | 270 [02] | （貸）退職給付に係る調整累計額（当期変動額） | 270 |

01）1,000円 − 1,000円 ÷ 10年 = 900円　　02）900円 × 30% = 270円

連結包括利益計算書　　（単位：円）

| 当期純利益 | 9,900 |
|---|---|
| その他の包括利益： | |
| 　退職給付に係る調整額 | △ 630 |
| 包括利益 | 9,270 |

連結貸借対照表　　（単位：円）

| 繰 延 税 金 資 産 | 6,000 | 退職給付に係る負債 | 20,000 |
|---|---|---|---|
| | | 退職給付に係る調整累計額 | △ 630 |

## 2．×2年3月末

(1)　科目の振替え

（借）退職給付引当金　25,100　（貸）退職給付に係る負債　25,100

(2)　開始仕訳（未認識過去勤務費用の計上）

（借）退職給付に係る調整累計額（当期首残高）　900　（貸）退職給付に係る負債　900

（借）繰 延 税 金 資 産　270　（貸）退職給付に係る調整累計額（当期首残高）　270

(3)　過去勤務費用の償却

償却額について、差異計上時の貸借逆の仕訳を行います。

（借）退職給付に係る負債　100 03)（貸）退職給付に係る調整累計額（当期変動額）　100

（借）退職給付に係る調整累計額（当期変動額）　30 04)（貸）繰 延 税 金 資 産　30

03) 1,000 円 ÷ 10 年 = 100 円　04) 100 円 × 30% = 30 円

連結包括利益計算書　　（単位：円）

| 当期純利益 | 12,000 |
|---|---|
| その他の包括利益： | |
| 　退職給付に係る調整額 | 70 |
| 包括利益 | 12,070 |

連結貸借対照表　　（単位：円）

| 繰 延 税 金 資 産 | 7,770 | 退職給付に係る負債 | 25,900 |
|---|---|---|---|
| | | 退職給付に係る調整累計額 | △ 560 |

　ここで、現在学習している仕訳は、簿記のどの部分に該当するのか確認しておきましょう。

　簿記の手続は、開始手続→営業手続→決算手続からなり、決算手続において、当期純利益を計算し、財務諸表を作成します。

（簿記の手続の全体像）

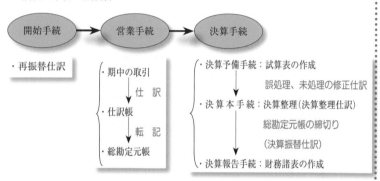

　本書では営業手続の期中取引の仕訳と、決算本手続の決算整理仕訳を主に学習しています。

　また、連結財務諸表の主な作成手続は、次のようになります。

連結精算表

・貸借対照表　　　　　　子会社　　　　　　　　　・連結貸借対照表
・損益計算書　　　　　　・子会社の資産負債の時価評価　・連結損益計算書
・株主資本等変動計算書　・資本連結　　　　　　　・連結包括利益計算書
　　　　　　　　　　　　・のれんの償却　　　　　・連結株主資本等変動計算書
　　　　　　　　　　　　・子会社当期純利益の振替え
　　　　　　　　　　　　・剰余金の配当
　　　　　　　　　　　　・未実現利益の消去
　　　　　　　　　　　　・税効果会計
　　　　　　　　　　　　関連会社
　　　　　　　　　　　　・のれんの償却
　　　　　　　　　　　　・当期純利益の振替え
　　　　　　　　　　　　・剰余金の配当
　　　　　　　　　　　　・未実現利益の消去
　　　　　　　　　　　　・税効果会計

# 第 **3** 部

# やりすぎない!
# 重要度C

難易度が高く重要度が低いため
完璧を目指すのではなく、
仕訳ができれば十分です!

Let's training!

| 問題1 | 資本的支出と収益的支出 | 重要度 C |

次の取引について、修繕時と決算時の仕訳を示しなさい。

(1) 建物 ( 取得原価 200,000 円、期首減価償却累計額 100,000 円、10 年使用 ) について、当期首に修繕を行い、代金 60,000 円を当座預金口座より支払った。

　建物は、定額法、耐用年数 20 年、残存価額ゼロ、間接法により減価償却を行ってきたが、この修繕により当期首からの残存耐用年数が 15 年となり、耐用年数が 5 年延長した。

(2) 決算時にあたり減価償却を行う。

▶ポイント

資本的支出と収益的支出

$$資本的支出 = 支出額 \times \frac{延長年数}{残存耐用年数} \quad 収益的支出 = 支出額 - 資本的支出$$

　耐用年数の延長など固定資産の価値を増加させる支出は資本的支出とし、固定資産の取得原価に算入します。一方、資産の現状維持・回復のための支出は収益的支出として修繕費として処理します。

仕訳 ▶

(1) 修繕時

| (借) 建　　　　　物 | 20,000 [01] | (貸) 当 座 預 金 | 60,000 |
| 修　繕　費 | 40,000 [02] | | |

01) $60,000 円 \times \dfrac{5 年}{15 年} = 20,000 円$　　02) $60,000 円 - 20,000 円 = 40,000 円$

(2) 決算時

| (借) 減 価 償 却 費 | 8,000 [03] | (貸) 建物減価償却累計額 | 8,000 |

03) $(200,000 円 + 20,000 円 - 100,000 円) \div 15 年 = 8,000 円$

固定資産の簿価（要償却額）を、残存耐用年数にわたり費用配分します。

| 200,000 円 + 20,000 円 | |
| 減価償却累計額 | 要償却額 |
| 100,000 円 | 120,000 円 |
| 10 年 | 15 年 |

問題2 投資不動産 | 重要度 C

次の取引の仕訳を示しなさい。

(1) 当期首に投資目的で建物 10,000 円を取得し、代金は当座預金口座より支払った。
(2) この建物をA社に賃貸し、賃貸料 500 円が当座預金口座に振り込まれた。
(3) 決算時に建物の減価償却を、定額法、耐用年数 10 年、残存価額ゼロ、間接法により行う。

► ポイント

不動産の分類

営業用のもの(事業で使用する目的) …………建物、土地(有形固定資産)

販売用のもの(販売用の土地、建物など) …… 販売用不動産(棚卸資産)

投資用のもの(賃貸収益や値上がり目的) …… 投資不動産(投資その他の資産)

仕訳 ►

(1) 取得時

(借) 投 資 不 動 産 10,000 (貸) 当 座 預 金 10,000

(2) 賃貸料受取り時

(借) 当 座 預 金 500 (貸) 投資不動産賃貸料 500
　　　　　　　　　　　　　　　　　　　　　　営業外収益

(3) 決算時

(借) 減 価 償 却 費 1,000 [01] (貸) 投資不動産減価償却累計額 1,000
　　　　営業外費用

01) 10,000 円 ÷ 10 年 = 1,000 円

| 損 益 計 算 書 | | 貸 借 対 照 表 | | |
|---|---|---|---|---|
| Ⅳ 営業外収益 | | Ⅱ 固定資産 | | |
| 投資不動産賃貸料 | 500 | 3. 投資その他の資産 | | |
| Ⅴ 営業外費用 | | 投資不動産 | 10,000 | |
| 減価償却費 | 1,000 | 減価償却累計額 | 1,000 | 9,000 |

| 問題1 | ソフトウェアの減損処理 | 重要度 C |

次の市場販売目的のソフトウェアについて、見込販売数量による場合の×1期と×2期のソフトウェアの仕訳を示しなさい。×2期の損失計上の科目はソフトウェア評価損を用いること。

1. ×1期期首に資産計上したソフトウェア制作費：15,000円
   ソフトウェアの見込有効期間：3年

2. ×1期における各期の見込販売数量は次のとおりであった。
   ×1期：400個、×2期：600個、×3期：500個
   ×1期の実績販売数量は400個であった。

3. ×2期期首に、×2期と×3期の見込販売数量を次のとおり変更した。
   ×2期：600個、×3期：400個
   見込販売収益　×2期：7,000円、×3期：3,800円
   ×2期の実績販売数量は見込販売数量と同じであった。

➤ ポイント

**市場販売目的のソフトウェアの減損処理**

　　ソフトウェアの簿価＞翌期以降の収益の場合、

　　ソフトウェアの簿価－翌期以降の収益＝ソフトウェア評価損

　翌期以降の収益が、当期末の簿価を下回る場合には、損失を繰り延べないために減損会計と同様に損失を計上します。

　なお、借方の科目は明確な規定が無いため、問題文の指示に従いましょう。

**仕 訳**

(1) ×1期

(借) ソフトウェア償却　5,000 [01] (貸) ソフトウェア　5,000

01) 均等配分額：15,000 円 ÷ 3 年 = 5,000 円

見込販売数量：$15,000 円 \times \dfrac{400 個}{400 個 + 600 個 + 500 個} = 4,000 円$

5,000 円 > 4,000 円　∴ 5,000 円

(2) ×2期

① 償却

(借) ソフトウェア償却　6,000 [02] (貸) ソフトウェア　6,000

02) 均等配分額：(15,000 円 − 5,000 円) ÷ 2 年 = 5,000 円

見込販売数量：$(15,000 円 − 5,000 円) \times \dfrac{600 個}{600 個 + 400 個} = 6,000 円$

5,000 円 < 6,000 円　∴ 6,000 円

② 評価損の計上

(借) ソフトウェア評価損　200 [03] (貸) ソフトウェア　200

03) 未償却残高：10,000 円 − 6,000 円 = 4,000 円

4,000 円 > 3,800 円
未償却残高　翌期以降収益

4,000 円 − 3,800 円 = 200 円

---

**研 究　ソフトウェアが0になる！**

あるメガバンクの営業担当の方から聞いた話です。

そのメガバンクでは、貸付先の貸借対照表を評価するさいには、ソフトウェアは「0評価」、つまり除外して評価しているそうです。

確かにソフトウェアは、その会社用に独自に開発されたものが多く、仮にその会社が倒産したとしても売却価値を持たないので「0評価としている」とのことでした。

また、ある地方銀行では「1/2評価」としている、という話もあります。

　次の資料より、ソフトウェアの受注制作を行う当社の決算整理仕訳を示しなさい。

決算整理前残高試算表　　　（単位：円）

| | |
|---|---|
| ソフトウェア仮勘定 | 1,100 |
| 給 料 手 当 | 3,000 |
| 減 価 償 却 費 | 5,000 |

・　ソフトウェアに係る収益の計上は、進捗度を合理的に見積ることができるため原価比例法により行う。

・　ソフトウェアは前期に受注し受注金額は 20,000 円である。見積原価総額は 10,000 円、前期発生原価は 1,000 円であった。

・　当期の給料の 30％、減価償却費の 40％はソフトウェアの制作に係るものであり、ソフトウェア仮勘定に振り替える。

・　原価比例法の適用による未収入額は売掛金とする。

・　当期のソフトウェア制作費用はソフトウェア仮勘定に計上し、決算において、ソフトウェア仮勘定の全額をソフトウェア売上原価に振り替える。

➤ ポイント

　受注制作のソフトウェアは、工事契約の処理に準じて処理します。勘定科目は問題文に与えられるため、覚えなくて大丈夫です。

仕訳

(1) 原価の集計

（借）ソフトウェア仮勘定　2,900　（貸）給　料　手　当　900 [01]

減 価 償 却 費　2,000 [02]

01）3,000 円 × 30% = 900 円　　02）5,000 円 × 40% = 2,000 円

(2) 原価の振替え

（借）ソフトウェア売上原価　4,000　（貸）ソフトウェア仮勘定　4,000 [03]

03）1,100 円 + 2,900 円 = 4,000 円

(3) 収益の計上

（借）売　　　掛　　　金　8,000　（貸）ソフトウェア売上高　8,000 [04]

04）前期売上高：$20,000 \text{円} \times \dfrac{1,000 \text{円}}{10,000 \text{円}} = 2,000 \text{円}$

当期売上高：$20,000 \text{円} \times \dfrac{1,000 \text{円} + 4,000 \text{円}}{10,000 \text{円}} - 2,000 \text{円} = 8,000 \text{円}$

研究　もしも当期に見積原価総額を8,000円に変更していたら…。

原価比例法は、見積原価総額を用いて収益額を計算するので、仮に当期になって見積原価総額を10,000円から8,000円に変更したとしましょう。当期の収益は次のように計算されます。

当期売上高：$20,000 \text{円} \times \dfrac{1,000 \text{円} + 4,000 \text{円}}{8,000 \text{円}} - 2,000 \text{円} = 10,500 \text{円}$

つまり、見積原価総額を小さく見積り直すことで、当期の収益を大きくすることができる、という関係がわかります。これが、2015年に起きた「東芝不正経理事件」で収益を多く計上するために用いられた方法の1つなのです。

　次の資料より、×2年度に必要な仕訳を示しなさい。なお、費用の勘定科目は「諸費用」を用いること。

1. 工事収益総額 11,000 円　工事期間 3 年（×1 年度～×3 年度）
　　工事収益は進捗度に応じて一定期間にわたり認識し、進捗度の計算は原価比例法による。

2. 工事原価総額の見積額 10,000 円
　　×2 年度に工事原価総額の見積額を 12,000 円に変更した。

3. 工事原価発生額
　　×1 年度：1,000 円、×2 年度：5,000 円

## ▶ ポイント

工事損失引当金

① 見積総工事損失＝工事収益総額－工事原価総額

② 当期までに計上された損失

③ 工事損失引当金＝見積総工事損失－当期までに計上された損失

　工事損失引当金は、投資額を回収できない場合に、将来に損失を繰延べないために計上します。

**仕訳**　▶

(1)　工事原価の計上

（借）未成工事支出金　　5,000　（貸）諸　　費　　用　　5,000
（借）完成工事原価　　　5,000　（貸）未成工事支出金　　5,000

(2)　完成工事高の計上

（借）契　約　資　産　　4,400　（貸）完　成　工　事　高　　4,400 [01]

01)　前期完成工事高：$11,000 \text{円} \times \dfrac{1,000 \text{円}}{10,000 \text{円}} = 1,100 \text{円}$

当期完成工事高：$11,000 \text{円} \times \dfrac{1,000 \text{円} + 5,000 \text{円}}{12,000 \text{円}} - 1,100 \text{円} = 4,400 \text{円}$

(3)　工事損失引当金の計上

（借）完成工事原価　　　500 [02]（貸）工事損失引当金　　　500

02)　①見積総工事損失：$11,000 \text{円} - 12,000 \text{円} = \triangle 1,000 \text{円}$

②当期末までに計上された損失

前期：$1,100 \text{円} - 1,000 \text{円} = 100 \text{円}$（利益）

当期：$4,400 \text{円} - 5,000 \text{円} = \triangle 600 \text{円}$（損失）

合計：$100 \text{円} + \triangle 600 \text{円} = \triangle 500 \text{円}$

③将来の損失：$1,000 \text{円} - 500 \text{円} = 500 \text{円}$

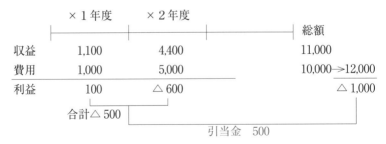

|  | ×１年度 | ×２年度 |  | 総額 |
|---|---|---|---|---|
| 収益 | 1,100 | 4,400 |  | 11,000 |
| 費用 | 1,000 | 5,000 |  | 10,000→12,000 |
| 利益 | 100 | △600 |  | △1,000 |
|  | 合計△500 |  |  |  |
|  |  | 引当金　500 |  |  |

| 問題1 | 総記法 | 重要度 C |
| --- | --- | --- |

次の取引の仕訳を、総記法により示しなさい。

1．期首商品棚卸高は 1,000 円である。
2．期中取引
 (1) 商品 9,000 円を掛けで仕入れた。
 (2) 商品（原価 7,000 円）を 14,000 円で掛け販売した。
3．期末商品棚卸高は 3,000 円であった。

➤ ポイント

> 総記法の決算整理仕訳
>
>  (借)商　　　品　××　(貸)商品売買益　××
>
> ①前 T / B 商品勘定が貸方残高：期末商品＋前 T / B 商品
>
> ②前 T / B 商品勘定が借方残高：期末商品－前 T / B 商品

　商品勘定の残高を期末棚卸高になるように調整すると理解しておけば、上記の算式を忘れた場合にも対応できます。
　なお、値引き・返品・割戻しは、仕入時または売上時の仕訳の逆仕訳となります。

仕訳 ▶

(1) 仕入時

| (借)商　　　　　品 | 9,000 | (貸)買　　掛　　金 | 9,000 |
| --- | --- | --- | --- |

(2) 売上時

| (借)売　　掛　　金 | 14,000 | (貸)商　　　　　品 | 14,000 |
| --- | --- | --- | --- |

(3) 決算時

| (借)商　　　　　品 | 7,000 [01] | (貸)商 品 売 買 益 | 7,000 |
| --- | --- | --- | --- |

01) 決算整理前残高：1,000 円 + 9,000 円 − 14,000 円 = △4,000 円（貸方）
　　 3,000 円 + 4,000 円 = 7,000 円
　　 <u>期末商品</u>　<u>貸方残高</u>

商　　品

| 期首 | | 売上 | |
| --- | --- | --- | --- |
| | 1,000 | | 14,000 |
| 仕入 | | | |
| | 9,000 | | |
| 貸方 | 4,000 | | |

## 問題 2　売上原価対立法　　　　　　　　　　　　重要度 C

次の取引の仕訳を、売上原価対立法により示しなさい。

1．期首商品棚卸高は 1,000 円である。
2．期中取引
(1)　商品 9,000 円を掛けで仕入れた。
(2)　商品（原価 7,000 円）を 14,000 円で掛け販売した。
3．期末商品棚卸高は 3,000 円であった。

### ▶ ポイント

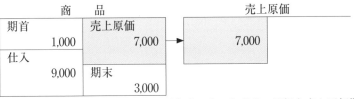

|商　　品| | 売上原価 |
|---|---|---|
|期首　　1,000|売上原価　　7,000|7,000|
|仕入　　9,000|期末　　3,000| |

　売上原価対立法のポイントは、販売時に売った商品の原価を売上原価勘定に振替えるため、決算整理仕訳は不要という点です。2 級の試験範囲に入りました。

### 仕訳 ▶

(1)　仕入時

| （借）商　　　　品 | 9,000 | （貸）買　掛　金 | 9,000 |

(2)　売上時

| （借）売　掛　金 | 14,000 | （貸）売　　　　上 | 14,000 |
| （借）売 上 原 価 | 7,000 | （貸）商　　　　品 | 7,000 |

(3)　決算時

仕　訳　な　し

※　総記法は在庫、仕入、売上をまとめて商品勘定に記帳する方法です。期中取引の記帳は簡単です。
　　売上原価対立法は売上と原価（売上原価）をあわせて記帳する方法です。払出原価を計算できれば、リアルタイムで利益を計算できます。

## 問題 1 | 委託販売（その都度法） | 重要度 C

次の各取引の仕訳を示しなさい。委託販売の記帳はその都度法、手許商品の記帳は三分法による。

1．期首手許商品：1,500 円、期首積送品：1,000 円

2．期中取引

(1) 商品 8,500 円を掛けで仕入れた。

(2) 商品 8,000 円（原価）を受託者に積送した。

(3) 受託者が積送品（原価 6,000 円）を 6,600 円で販売した。
仕入原価の 10%増しの価格を積送品売価としている。

3．期末手許商品は 2,000 円、期末積送品は 3,000 円であった。

### ➤ ポイント

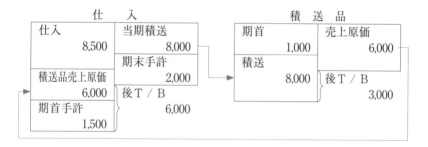

**仕 訳** ▶

(1) 仕入時

| (借)仕 | 入 | 8,500 | (貸)買 掛 金 | 8,500 |
|---|---|---|---|---|

(2) 積送時

| (借)積 送 品 | 8,000 | (貸)仕 入 | 8,000 |
|---|---|---|---|

(3) 受託者販売時

| (借)売 掛 金 | 6,600 | (貸)積 送 品 売 上 | 6,600 |
|---|---|---|---|
| (借)仕 入 | 6,000 | (貸)積 送 品 | 6,000 |

(4) 決算時 01)

| (借)仕 入 | 1,500 | (貸)繰 越 商 品 | 1,500 |
|---|---|---|---|
| (借)繰 越 商 品 | 2,000 | (貸)仕 入 | 2,000 |

01) 積送品はその都度法のため、仕訳をしなくても大丈夫です。

**研 究** ▶ どういう商品のときに委託販売のその都度法は適用されるの?

　書籍のような大量生産されたものは、委託販売しても「販売の都度売上原価を計算して仕入に戻す」といった処理は手間がかかるだけで意味が乏しいでしょう。

　逆に、宝石や絵画といった個別性が高く、金額も高価になるものでは「販売の都度、売上原価を把握し仕入に戻す」という処理を行うことに合理的な理由があります。

**委託販売（期末一括法）** 重要度 C

　次の各取引の仕訳を示しなさい。委託販売の記帳は期末一括法、手許商品の記帳は三分法による。

1．期首手許商品：1,500円、期首積送品：1,000円
2．期中取引
　(1)　商品8,500円を掛けで仕入れた。
　(2)　商品8,000円（原価）を受託者に積送した。
　(3)　受託者が積送品（原価6,000円）を6,600円で販売した。
　　　仕入原価の10％増しの価格を積送品売価としている。
3．期末手許商品は2,000円、期末積送品は3,000円であった。

➤ **ポイント**

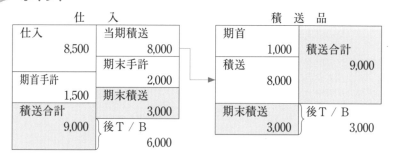

　　　　　の箇所がその都度法との違いです。

**仕 訳**

(1)　仕入時

| (借) 仕 | 入 | 8,500 | (貸) 買 | 掛 | 金 | 8,500 |

(2)　積送時

| (借) 積 | 送 | 品 | 8,000 | (貸) 仕 | 入 | 8,000 |

(3)　受託者販売時

| (借) 売 | 掛 | 金 | 6,600 | (貸) 積 送 品 売 上 | 6,600 |

(4)　決算時

①　手許商品

| (借) 仕 | 入 | 1,500 | (貸) 繰 越 商 品 | 1,500 |
| (借) 繰 越 商 品 | 2,000 | (貸) 仕 | 入 | 2,000 |

②　積送品

| (借) 仕 | 入 | 9,000 <sup>01)</sup> | (貸) 積 | 送 | 品 | 9,000 |
| (借) 積 | 送 | 品 | 3,000 | (貸) 仕 | 入 | 3,000 |

01)　1,000 円 + 8,000 円 = 9,000 円
　　　期首積送品　　当期積送高

---

**研 究**　　**書籍の販売は委託販売？**

　書籍は、出版社が本を制作し、取次を通して書店に書籍の販売を委託しています。書店は売れない本を返品できるため、出版社にとって実態としては返品権付き販売となります。

　本来、出版社にとってお客さんは読者であり、書店は協力者であるはずが、この関係を取次という問屋が入り「販売」などとしたがために、出版社にとって一時的なお客さんが問屋に、二次的なお客さんが書店となってしまっている。

　つまり、取引関係により、出版社が読者と向き合う形になっていないため、読者を無視した書籍が多く出版され業界の凋落に繋がってしまっている。

　1 級を学んでいるみなさん、数字というものの本当の力は『人の考えや動きを変えてしまうこと』にあるのです。みなさんは、ぜひ、人のためになる良い形で数字を使っていってください。

次の取引について、積送品売上を受託者売上高で計上する方法と、委託者手取額で計上する方法によりそれぞれ示しなさい。

・ 委託販売の記帳はその都度法、手許商品の記帳は三分法による。
・ 受託者が当社の積送品（原価6,000円）を6,600円で販売し、販売手数料200円を差し引かれた残額は掛けとした。仕入原価の10%増しの価格を積送品売価（受託者売上高）としている。

## ➤ ポイント

受託者売上高で計上する場合、積送品売上と売上原価で原価率が対応します。一方、委託者手取額で計上する場合、積送品売上と売上原価で原価率が対応しません。

そのため、委託者手取額で計上する場合でも、原価率算定上は、受託者売上高を使うことに注意してください。

## 仕訳 ►

(1) 受託者売上高で計上する方法

| （借）売 掛 金 | 6,400 | （貸）積 送 品 売 上 | 6,600 |
|---|---|---|---|
| 積 送 諸 掛 | 200 | | |
| （借）仕 入 | 6,000 | （貸）積 送 品 | 6,000 |

(2) 委託者手取額で計上する方法

| （借）売 掛 金 | 6,400 [01] | （貸）積 送 品 売 上 | 6,400 |
|---|---|---|---|
| （借）仕 入 | 6,000 | （貸）積 送 品 | 6,000 |

01) 6,600円 − 200円 = 6,400円

### 研究 ▶ 本試験での注意点1

　積送品売上については、受託者売上高で計上する方法と、委託者手取額で計上する方法があります。

　本試験で問題文に計上方法の指示が明確に書いている場合にはそれに従って解答することになります。

　しかし、計上方法の指示がなく、決算整理前残高試算表から判断する出題も考えられます。すなわち、決算整理前残高試算表に積送品売上が計上されているにもかかわらず、販売諸掛に係る積送諸掛が計上されていなければ、委託者手取額で計上する方法と判断します。

　一方、決算整理前残高試算表に販売諸掛に係る積送諸掛が計上されていれば、受託者売上高で計上する方法と判断します。

　また、過去の本試験で、積送品売上とは別ですが、売上に係る推定問題で、答案用紙に売上高の金額が印刷されていて、それに気付かないと解けない問題が出題されました。

　そのため、決算整理前残高試算表の科目や答案用紙にも注意を払うようにしてください。

次の各取引の仕訳を示しなさい。未着品売買の記帳はその都度法、手許商品の記帳は三分法による。

1．期中取引
　⑴　貨物引換証 5,000 円と 3,000 円を当期に取得し、代金は掛けとした。
　⑵　貨物引換証のうち 5,000 円について商品を受け取った。
　⑶　貨物引換証のうち 3,000 円を 4,000 円で転売し、代金は掛けとした。その都度法により処理する。
2．期末手許商品は 5,000 円であった。

▶ ポイント

未着品売買

① 貨物代表証券受取り時→未着品
　　貨物代表証券(海上運送は船荷証券、陸上運送は貨物引換証)は運送会社が発行する証券であり、商品を受取る権利を表しており、受取ったときは未着品で処理します。

② 商品引取り時→未着品から仕入に振替え

③ 貨物代表証券転売時→未着品売上

| 未 着 品 | | |
|---|---|---|
| 期首 | | 現品引取り |
| | 0 | 5,000 |
| 当期取得 | | 転売 |
| | | 3,000 |
| | 8,000 | 後 T／B |
| | | 0 |

| 仕 入 | |
|---|---|
| 仕入 | 期末 |
| 5,000 | 5,000 |

**仕 訳**

(1) 貨物引換証取得時

(借)未　　着　　品　8,000　　(貸)買　　掛　　金　8,000

(2) 商品引取り時

(借)仕　　　　　入　5,000　　(貸)未　　着　　品　5,000

(3) 転売時

(借)売　　掛　　金　4,000　　(貸)未 着 品 売 上　4,000
(借)仕　　　　　入　3,000　　(貸)未　　着　　品　3,000

(4) 決算時

(借)繰　越　商　品　5,000　　(貸)仕　　　　　入　5,000

＜取引の流れ＞

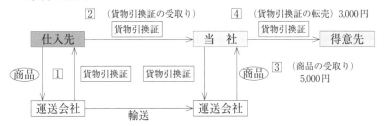

**試用販売（その都度法）**

次の各取引の仕訳を示しなさい。試用販売の記帳はその都度法、手許商品の記帳は三分法による。

1. 期首商品棚卸高は1,500円である。

2. 期中取引
   (1) 商品8,500円を掛けで仕入れた。
   (2) 商品8,000円（原価）を試送した。
       仕入原価の10%増しの価格を試用品売価としている。
   (3) 試送した商品のうち7,700円（売価）について買取りの意思表示を受けた。

3. 期末手許商品は2,000円、期末試用品は1,000円であった。

➤**ポイント**

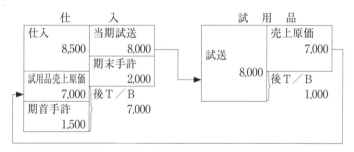

**仕訳**

(1) 仕入時

(借) 仕 入 8,500 (貸) 買 掛 金 8,500

(2) 試送時

(借) 試 用 品 8,000 (貸) 仕 入 8,000

(3) 買取りの意思表示を受けた時

(借) 売 掛 金 7,700 (貸) 試 用 品 売 上 7,700
(借) 仕 入 7,000 [01] (貸) 試 用 品 7,000

01) 7,700円 ÷ 1.1 = 7,000円

(4) 決算時

① 手許商品

(借) 仕 入 1,500 (貸) 繰 越 商 品 1,500
(借) 繰 越 商 品 2,000 (貸) 仕 入 2,000

② 試用品

仕 訳 な し

| 問題 1 | 本支店会計（内部利益） | 重要度 C |

本支店会計の期末の帳簿の締切りにおける必要な仕訳を答えなさい。
なお、総合損益勘定への振替えの仕訳は不要である。

本店は支店へ商品を発送するにあたり、原価に 10%の利益を加算している。

(1) 支店の期末商品のうち 2,200 円は、本店から仕入れた商品である。

(2) 支店の期首商品のうち 1,100 円は、本店から仕入れた商品である。

## ➤ ポイント

期末商品に含まれる内部利益は、帳簿上、繰延内部利益勘定により次期に繰り延べます。財務諸表上は、商品勘定から直接控除されます。

また、期首商品に含まれる内部利益は、繰延内部利益勘定から内部利益戻入勘定に振り替えます。

## 仕訳

(1) 期末商品

（借）内 部 利 益 控 除　　　200 01)（貸）繰 延 内 部 利 益　　　200

01) $2,200 円 \times \dfrac{0.1}{1.1} = 200 円$

(2) 期首商品

（借）繰 延 内 部 利 益　　　100 02)（貸）内 部 利 益 戻 入　　　100

02) $1,100 円 \times \dfrac{0.1}{1.1} = 100 円$

## 研究 ▷ 本試験での注意点2

　商業簿記では、連結を除いて、決算整理事項をもとに財務諸表などを作成する問題が出題されています。

　決算整理事項は9項目から10項目ぐらいあり、それぞれの難易度には大きく幅があります。これまでの出題傾向だと決算整理事項の最初の方に一番難しい項目(時にはできなくても合否に影響がないもの)がくることがあります。

　この難しい項目にはまってしまうとそれで30分くらい使って結局解答できず、他の項目もあせって計算ミスをすることがあります。また、難しい項目は中ごろにあることもあります。一方、後ろには、未払法人税等などすぐに解答できる項目もあります。

　そのため、総合問題を解くときは、まず各項目をざっと確認し、項目の左側に「○」「△」「×」など印を付けた上で解きはじめると、大きく失敗する可能性を減らせます。

　また、本試験の問題文では、文字が結構詰まって書かれています。本試験では定規を持ち込めませんが、電卓を使って、決算整理事項ごとに横線を引いて区切ると、多少、見やすくなります。

## 研究 ▷ どうして内部利益控除や内部利益戻入といった科目を使うのだろうか?

　内部利益は、当期の損益を調整するものなので、**最終的に損益勘定に振り替えられます。**

　このときの損益勘定を、内部利益控除や内部利益戻入を①使わなかった場合(売上原価勘定から振り替えた場合)と②使った場合とで比較してみましょう。

| ① 損　　益 | | ② 損　　益 | |
|---|---|---|---|
| 売 上 原 価　　200 | 売 上 原 価　　100 | 内部利益控除　　200 | 内部利益戻入　　100 |

　明らかに②の方がわかりやすいですね。
　ですから、このような仕訳を1つ挟んで損益勘定への振替えを行うのです。

　リース会社である当社はA社に対して、備品を以下の条件でリースした。①リース取引開始日、②第1回のリース料受取り日、③第1回の決算日における当社の仕訳を以下のそれぞれの処理方法によって、示しなさい。

(1)　リース取引開始日に売上高と売上原価を計上する方法
(2)　リース料受取り日に売上高と売上原価を計上する方法
(3)　売上高を計上せずに利息相当額を各期に配分する方法

・　備品の購入価額：27,000円（代金は未払い）
　　年間リース料：10,000円（年1回　当座預金受取り）
・　リース期間：3年　リース期間終了時に所有権は移転しない。
・　第1回リース料に含まれる利息相当額：1,350円（利子率5％）

➤ポイント

1　所有権移転外の場合、リース投資資産を用い、所有権移転の場合、リース債権を用います。

2　リース取引開始日に収益計上する方法は、決算時に、いったん全額を売上計上し未回収の利息を繰延べます。
　　繰延リース利益は、B／S上、リース投資資産と相殺して表示し、繰延リース利益繰入は売上総利益から差し引きます。

貸　借　対　照　表

| 1　流動資産 | |
|---|---|
| 　リース投資資産 | 18,350 |

**仕訳**　▶

**(1)　リース取引開始日に売上高と売上原価を計上する方法**

① リース取引開始日

(借) リース投資資産　30,000 <sup>01)</sup> (貸) 売　　上　　高　30,000
(借) 売　上　原　価　27,000 <sup>02)</sup> (貸) 買　　掛　　金　27,000

01) リース料総額　　02) リース物件の購入価額

② リース料受取り日

(借) 当　座　預　金　10,000　　(貸) リース投資資産　10,000

③ 決算日

(借) 繰延リース利益繰入　1,650 <sup>03)</sup> (貸) 繰延リース利益　1,650

03) 利息総額：10,000 円× 3 回－ 27,000 円＝ 3,000 円

未回収利息：3,000 円－ 1,350 円＝ 1,650 円

**(2)　リース料受取り日に売上高と売上原価を計上する方法**

① リース取引開始日

(借) リース投資資産　27,000 <sup>04)</sup> (貸) 買　　掛　　金　27,000

04) リース物件の購入価額

② リース料受取り日

(借) 当　座　預　金　10,000　　(貸) 売　　上　　高　10,000
(借) 売　上　原　価　8,650 <sup>05)</sup> (貸) リース投資資産　8,650

05) 回収分原価：10,000 円－ 1,350 円＝ 8,650 円

③ 決算日

仕　訳　な　し

**(3)　売上高を計上せずに利息相当額を各期に配分する方法**

① リース取引開始日

(借) リース投資資産　27,000 <sup>06)</sup> (貸) 買　　掛　　金　27,000

06) リース物件の購入価額

② リース料受取り日

(借) 当　座　預　金　10,000　　(貸) リース投資資産　8,650 <sup>07)</sup>
　　　　　　　　　　　　　　　　　　 受　取　利　息　1,350

07) 回収分原価：10,000 円－ 1,350 円＝ 8,650 円

③ 決算日

仕　訳　な　し

## 問題 1　税効果会計（税率の変更）　　重要度 C

次の資料にもとづき、決算整理仕訳を示しなさい。法定実効税率は、×1期は32%、×2期は30%である。

(1)　×1期期末に、期首に取得した機械9,000円について、定額法、耐用年数6年、残存価額ゼロにより減価償却費を計上する。税務上の耐用年数は9年である。

(2)　×1期期末に、その他有価証券5,000円について期末時価6,000円に評価替えを行う。全部純資産直入法による。

(3)　×2期期首に振戻し仕訳を行った。

(4)　×2期期末に、機械について減価償却費を計上する。

(5)　×2期期末に、その他有価証券5,000円について期末時価7,000円に評価替えを行う。

▶ポイント

当期末時点の一時差異（累計）に変更後の実効税率を掛けて当期末繰延税金資産を計算し、前期末繰延税金資産との差額を、法人税等調整額とします。

**仕訳** ▶

(1) 固定資産（×1期）

| | | | | | |
|---|---|---|---|---|---|
| （借）減 価 償 却 費 | 1,500 [01] | （貸）機械減価償却累計額 | 1,500 |

| | | | | |
|---|---|---|---|
| （借）繰 延 税 金 資 産 | 160 [02] | （貸）法人税等調整額 | 160 |

01) 9,000 円 ÷ 6 年 = 1,500 円

02) 税務上：9,000 円 ÷ 9 年 = 1,000 円　一時差異：1,500 円 − 1,000 円 = 500 円

500 円 × 32％ = 160 円

(2) その他有価証券（×1期）

| | | | |
|---|---|---|---|
| （借）そ の 他 有 価 証 券 | 1,000 | （貸）繰 延 税 金 負 債 | 320 [03] |
| | | その他有価証券評価差額金 | 680 [04] |

03) 1,000 円 × 32％ = 320 円　　04) 1,000 円 − 320 円 = 680 円

(3) 振戻し仕訳（×2期）

| | | | |
|---|---|---|---|
| （借）繰 延 税 金 負 債 | 320 | （貸）そ の 他 有 価 証 券 | 1,000 |
| その他有価証券評価差額金 | 680 | | |

(4) 固定資産（×2期）

| | | | |
|---|---|---|---|
| （借）減 価 償 却 費 | 1,500 | （貸）機械減価償却累計額 | 1,500 |
| （借）繰 延 税 金 資 産 | 140 | （貸）法人税等調整額 | 140 [05] |

05) 当期末一時差異：500 円 × 2 年 = 1,000 円

当期末繰延税金資産：1,000 円 × 30％ = 300 円

法人税等調整額：300 円 − 160 円 = 140 円

(5) その他有価証券（×2期）

| | | | |
|---|---|---|---|
| （借）そ の 他 有 価 証 券 | 2,000 | （貸）繰 延 税 金 負 債 | 600 [06] |
| | | その他有価証券評価差額金 | 1,400 [07] |

06) 2,000 円 × 30％ = 600 円　　07) 2,000 円 − 600 円 = 1,400 円

次の資料にもとづいて、税効果会計の仕訳を示しなさい。法定実効税率は 30%である。

前期末及び当期末の将来減算一時差異は、以下のとおりである。

| 一時差異の原因 | 前期末の金額 | 当期末の金額 |
|---|---|---|
| 建　　　　物 | 500 円 | 1,400 円 |
| 退職給付引当金 | 1,500 円 | 2,100 円 |

・　当期末において、繰延税金資産の回収可能性を評価した結果、将来の課税所得と相殺可能な将来減算一時差異は 2,500 円と判断された。

➤ポイント

1　「回収可能性」の「回収」とは、収入ではなく「支払の減少」を意味しています。

2　繰延税金資産は、将来の税金支払額の減少効果がある場合に計上できます。将来の税金支払額の減少とは、一時差異が将来解消し、課税所得から減算されることで課税所得が少なくなり、税金支払額が減少することです。

　　そのため、将来減算一時差異が発生していても、将来の課税所得が少なくて減算しきれないと見込まれる場合、繰延税金資産を計上できません。

3　繰延税金資産を計上できなかった分は、「評価性引当額300円*」として注記します。

*　(1,400 円 + 2,100 円 − 2,500 円) × 30% = 300 円

**仕訳**

（借）繰 延 税 金 資 産　　150　　（貸）法人税等調整額　　150 [01]

01) 前期末一時差異：500 円 + 1,500 円 = 2,000 円

　　前期末繰延税金資産：2,000 円 × 30% = 600 円

　　当期末一時差異：1,400 円 + 2,100 円 = 3,500 円 > 2,500 円（相殺可能分）

　　当期末繰延税金資産：2,500 円 × 30% = 750 円

　　法人税等調整額：750 円 − 600 円 = 150 円

**研究**　繰延税金資産と繰延税金負債は相殺し、固定資産または固定負債の区分に表示する理由

　繰延税金資産は将来の税金の減額効果を資産計上したものであり、繰延税金負債は将来の税金の増額効果を負債計上したものです。別々に計上するよりも相殺して、正味の将来の税金への影響を記載した方がわかりやすいからです。

　また、決算日後に税金を納付する我が国では、1 年以内に解消される一時差異等について、1 年以内にキャッシュ・フローは生じないことから、また、国際会計基準とそろえるため、固定資産、固定負債の区分に計上します。

## 問題1　在外子会社の換算と連結　　　　重要度 C

　P社は前期末に米国にある S 社発行済株式のすべてを 9,500 円で取得し、S 社を設立時に支配した。支配獲得日の S 社の諸資産および諸負債の時価は帳簿価額に等しかった。S 社の財務諸表を円建てに換算し、P 社の当期の連結修正仕訳を示しなさい。

1　支配獲得日の S 社の資本

　　資　本　金：100 ドル

　　支配獲得日の為替レートは、95 円 / ドルである。

2　S 社の損益計算書

損　益　計　算　書　　　（単位：ドル）

| 売 上 原 価 | 150 | 売　上　高 | 200 |
|---|---|---|---|
| 当 期 純 利 益 | 50 | | |
| | 200 | | 200 |

　　売上高のうち 100 ドルは P 社に対するものである。販売時の為替レートは、103 円 / ドルである。当期の期中平均レートは、102 円 / ドルである。

3　S 社の貸借対照表

貸　借　対　照　表　　　（単位：ドル）

| 諸　資　産 | 300 | 諸　負　債 | 150 |
|---|---|---|---|
| | | 資　本　金 | 100 |
| | | 利 益 剰 余 金 | 50 |
| | 300 | | 300 |

　　当期末の為替レートは、100 円 / ドルである。

## ▶ポイント

在外子会社の換算

①　収益・費用・当期純利益：原則、期中平均レート

　　　　　　　　　　　　　　　親会社に対するもの：発生時レート

②　損益計算書の貸借差額：為替差損益

③　資産・負債：決算時レート

④　資　　　　本：発生時の為替レート

⑤　貸借対照表の貸借差額：為替換算調整勘定

1 為替換算調整勘定は、決算時レートで換算した資本と、通常の換算後の資本との差でも計算できます。

2 為替差損益は、親会社との取引について発生時のレートと期中平均レートとの差でも計算できます。

3 部分所有子会社の場合は、為替換算調整勘定の増減額の非支配株主への配分の仕訳が必要です。

### ►換算後のS社財務諸表

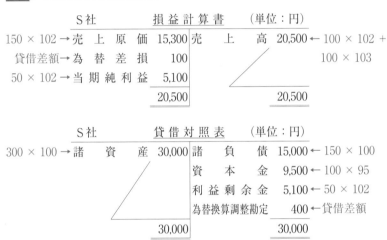

S社　　　　　損益計算書　　（単位：円）

150 × 102 → 売 上 原 価 15,300 ｜ 売 　 上 　 高 20,500 ← 100 × 102 +
貸借差額 → 為 替 差 損 100 ｜ 100 × 103
50 × 102 → 当 期 純 利 益 5,100 ｜
20,500 ｜ 20,500

S社　　　　　貸借対照表　　（単位：円）

300 × 100 → 諸 　 資 　 産 30,000 ｜ 諸 　 負 　 債 15,000 ← 150 × 100
資 　 本 　 金 9,500 ← 100 × 95
利 益 剰 余 金 5,100 ← 50 × 102
為替換算調整勘定 400 ← 貸借差額
30,000 ｜ 30,000

### ►連結修正仕訳

(1) 開始仕訳

（借）資本金当期首残高 9,500 （貸）S 　 社 　 株 　 式 9,500

(2) 売上高と売上原価の相殺

（借）売 　 上 　 高 10,300 [01] （貸）売 　 上 　 原 　 価 10,300

01) 100 ドル × 103 円 = 10,300 円

## 問題 2　在外子会社の連結（外貨建てのれん）　　重要度 C

P社は、前期末（×1年3月31日）にS社の発行済株式の80％を90ドル（9,000円）で取得し、S社を子会社とした。×2年3月末の連結修正仕訳を示しなさい。

|  | 資　本　金 | 利益剰余金 | 決算時レート |
|---|---|---|---|
| ×1年3月末 | 70ドル | 30ドル | 1ドル：100円 |
| ×2年3月末 | 70ドル | 40ドル | 1ドル：102円 |

子会社の資産・負債の時価は簿価と一致している。

(1)　S社の当期純利益：10ドル　　　当期の期中平均レートは@101円

(2)　のれんは連結修正仕訳で計上し、発生の翌年度より10年間で均等償却する。

(3)　のれん償却額は期中平均レートで換算する。また、期末に決算時レートで換算し、のれんに係る為替換算調整勘定を認識する。

▶ポイント

外貨建てのれん償却額：期中平均レートで換算

外貨建てのれん期末残高：決算時レートで換算

のれんに係る為替換算調整勘定：換算後残高－換算前残高

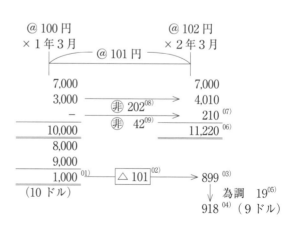

01) 外貨建てのれん：90 ドル −（70 ドル + 30 ドル）× 80% = 10 ドル

のれん：10 ドル × @ 100 円（HR）= 1,000 円

02) のれん償却額：10 ドル ÷ 10 年 × @ 101 円（AR）= 101 円

03) 換算前のれん残高：1,000 円 − 101 円 = 899 円

04) 換算後のれん残高：9 ドル × @ 102 円（CR）= 918 円

05) のれんに係る為調：918 円 − 899 円 = 19 円

06) 子会社純資産：（70 ドル + 40 ドル）× @ 102 円（CR）= 11,220 円

07) 資本に係る為調：11,220 円 − 7,000 円 − 4,010 円 = 210 円

08) 利益のうち非株振替え：（4,010 円 − 3,000 円）× 20% = 202 円

09) 為調のうち非株振替え：210 円 × 20% = 42 円

---

**仕訳**

## 1．×2年3月31日の利益剰余金の換算

利益剰余金（S社）

|  |  | 期首 |  |
|---|---|---|---|
| 期末 |  | 30 ドル | ×100円/ドル = 3,000円（HR） |
| 3,000円 + 1,010円 = 4,010円 | 40 ドル | 当期純利益 |  |
|  |  | 10 ドル | ×101円/ドル = 1,010円（AR） |

純資産の貸借差額を為替換算調整勘定とします。

11,220 円 − 7,000 円 − 4,010 円 = 210 円

## 2．×2年3月31日の連結修正仕訳

### (1) 連結開始仕訳

| （借）資本金当期首残高 | 7,000 | （貸）S　社　株　式 | 9,000 |
|---|---|---|---|
| 利益剰余金当期首残高 | 3,000 | 非支配株主持分当期首残高 | 2,000 [11] |
| の　　れ　　ん | 1,000 [10] |  |  |

10) 90 ドル −（70 ドル + 30 ドル）× 80% = 10 ドル　10 ドル × 100 = 1,000 円

または 9,000 円 −（8,000 円 + 2,000 円）× 80% = 1,000 円

11) （7,000 円 + 3,000 円）× 20% = 2,000 円

## (2) 子会社当期純利益の非支配株主持分への振替え

| | | | |
|---|---|---|---|
| （借）非支配株主に帰属する当期純利益 | 202 [12] | （貸）非支配株主持分当期変動額 | 202 |

12) 10 ドル× 101 円 = 1,010 円　1,010 円× 20% = 202 円

## (3) 資本に係る為替換算調整勘定の非支配株主持分への振替え

子会社の貸借対照表の換算により生じた資本に係る為替換算調整勘定のうち非支配株主持分に相当する額を、非支配株主持分に振り替えます。

| | | | |
|---|---|---|---|
| （借）為替換算調整勘定(当期変動額) | 42 [13] | （貸）非支配株主持分当期変動額 | 42 |

13) 210 円× 20% = 42 円

## (4) のれんの償却

外貨建てのれんの償却額（1 ドル）を**期中平均レート**で**換算**します。

| | | | |
|---|---|---|---|
| （借）の れ ん 償 却 額 | 101 [14] | （貸）の　　れ　　ん | 101 |

14) 10 ドル÷ 10 年 = 1 ドル　1 ドル× 101 円 = 101 円

## (5) のれんに係る為替換算調整勘定

外貨建てのれんの期末残高（9 ドル）を決算時レートで換算します。そのため、のれんからも為替換算調整勘定を認識します。なお、のれんに係る為替換算調整勘定は、全額親会社の投資に係るものであるため、非支配株主持分への振替えは不要です。

| | | | |
|---|---|---|---|
| （借）の　　れ　　ん | 19 [15] | （貸）為替換算調整勘定(当期変動額) | 19 |

15) 1,000 円 - 101 円 = 899 円 （換算前期末残高）

9 ドル× 102 円 = 918 円 （換算後期末残高）
　　　　　決算時レート

918 円 - 899 円 = 19 円

連結貸借対照表　　　（単位：円）

| | | |
|---|---|---|
| の　　れ　　ん　　918 | 為替換算調整勘定 | 187 |
| | 非支配株主持分 | 2,244 |

為替換算調整勘定：210 円 − 42 円 + 19 円 = 187 円

非支配株主持分：2,000 円 + 202 円 + 42 円 = 2,244 円
　　　　　　　　　または（70 ドル + 40 ドル）× 102 円 × 20% = 2,244 円

## 問題3　在外支店の換算　　　　　　　　　重要度 C

　次の資料に基づき、在外支店の円貨額による貸借対照表と損益計算書
を作成しなさい。

1　在外支店の貸借対照表

<table>
<tr><th colspan="4">貸 借 対 照 表</th><th>（単位：ドル）</th></tr>
<tr><td>現 金 預 金</td><td>300</td><td>買 　 掛 　 金</td><td>400</td></tr>
<tr><td>建 　 　 　 物</td><td>300</td><td>本 　 　 　 店</td><td>100</td></tr>
<tr><td>減価償却累計額</td><td>△ 50</td><td>当 期 純 利 益</td><td>50</td></tr>
<tr><td></td><td>550</td><td></td><td>550</td></tr>
</table>

　本店勘定100ドルは前期の本店からの送金額である。送金時のレー
トは、98円／ドル、建物取得時のレートは、95円／ドルである。
　当期末のレートは、100円／ドルである。

2　在外支店の損益計算書

<table>
<tr><th colspan="4">損 益 計 算 書</th><th>（単位：ドル）</th></tr>
<tr><td>売 上 原 価</td><td>100</td><td>売 　 上 　 高</td><td>200</td></tr>
<tr><td>減 価 償 却 費</td><td>50</td><td></td><td></td></tr>
<tr><td>当 期 純 利 益</td><td>50</td><td></td><td></td></tr>
<tr><td></td><td>200</td><td></td><td>200</td></tr>
</table>

　期中平均レートは102円／ドル、計上時のレートが不明な損益項
目は、期中平均レートによること。

## ▶ポイント

在外支店の換算

① 資産・負債
   貨幣項目※：決算時レート　非貨幣項目：発生時レート
   ※最終的に現金化する資産・負債
   本店勘定：取得時レート

② 貸借対照表の貸借差額：当期純利益

③ 収益・費用：原則、発生時レート（期中平均レートもあり）

④ 当期純利益：貸借対照表より移記

⑤ 損益計算書の貸借差額：為替差損益

### ▶換算後の支店財務諸表

貸 借 対 照 表　　（単位：円）

| | | |
|---|---|---|
| 300 × 100 →現　金　預　金　30,000 | 買　　掛　　金　40,000 | ← 400 × 100 |
| 300 × 95 →建　　　　　物　28,500 | 本　　　　　店　9,800 | ← 100 × 98 |
| 50 × 95 →減価償却累計額　△4,750 | 当 期 純 利 益　3,950 | ←貸借差額 |
| 53,750 | 53,750 | |

損 益 計 算 書　　（単位：円）

| | | |
|---|---|---|
| 100 × 102 →売　上　原　価　10,200 | 売　　上　　高　20,400 | ← 200 × 102 |
| 50 × 95 →減 価 償 却 費　4,750 | | |
| 貸借差額→為　替　差　損　1,500 | | |
| B／Sより→当 期 純 利 益　3,950 | | |
| 20,400 | 20,400 | |

### ▶在外子会社と在外支店の換算方法の違い

　　在外支店は本店と同じ法人であり、本店の個別財務諸表の一部になります。そのため、在外支店の資産・負債は、本店が取得したのと同じレートで換算する必要があります。

　　一方、在外子会社は親会社とは別の法人であり、独立した事業体としての性格が強いため決算日時点の情報を連結財務諸表に反映する必要があります。

　　そのため、資産・負債は、決算時のレートを用います。ただし、純資産については、親会社の投資と相殺するため、発生時のレートを用います。

# 43章 キャッシュ・フロー計算書

| 問題 1 | 営業活動によるキャッシュ・フロー（直接法） | 重要度 C |

次の資料にもとづき、直接法によるキャッシュ・フロー計算書（営業活動によるキャッシュ・フロー）を作成しなさい。

貸借対照表

| | 前期末 | 当期末 |
|---|---|---|
| 売掛金 | 400 | 300 |
| 貸倒引当金 | △ 30 | △ 50 |
| 商品 | 700 | 800 |
| ⋮ | ⋮ | ⋮ |
| 買掛金 | 500 | 300 |
| 未払法人税等 | 200 | 400 |
| 未払給料 | 10 | 20 |

損益計算書

| | |
|---|---|
| 売上高 | 3,000 |
| 売上原価 | 1,200 |
| 売上総利益 | 1,800 |
| 給料 | 610 |
| 減価償却費 | 20 |
| 貸倒引当金繰入 | 40 |
| 消耗品費 | 80 |
| 営業利益 | 1,050 |
| 受取配当金 | 400 |
| 税引前当期純利益 | 1,450 |
| 法人税等 | 500 |
| 当期純利益 | 950 |

1．商品売買はすべて掛けで行い、前期に発生した売掛金 20 円が貸倒れた。
2．配当金の受取額は、営業活動によるキャッシュ・フローの区分に表示する。

➤ ポイント

キャッシュ・フローの各項目に関連する勘定科目について、ボックス図を書いて、差額でキャッシュ・フローを計算します。

| 買　掛　金 | | |
|---|---|---|
| 支払（差額） | 期首 | 500 |
| 1,500 | 仕入 | |
| | | 1,300 |
| 期末　　300 | | |

| 売上原価 | | |
|---|---|---|
| 期首 | 700 | 売上原価 |
| 仕入 | | 1,200 |
| | 1,300 | |
| | | 期末　　800 |

| 給　　料 | | |
|---|---|---|
| 支払（差額） | 期首未払　10 | |
| 600 | P／L給料 | |
| | | 610 |
| 期末未払　20 | | |

| 未払法人税等 | | |
|---|---|---|
| 支払（差額） | 期首 | 200 |
| 300 | P／L法人税等 | |
| | | 500 |
| 期末　　400 | | |

## ▶キャッシュ・フロー計算書

<u>キャッシュ・フロー計算書</u>

営業活動によるキャッシュ・フロー

| | |
|---|---|
| 営業収入 | （　　3,080　） |
| 商品の仕入支出 | （　△1,500　） |
| 人件費支出 | （　　△600　） |
| その他の営業支出 | （　　　△80　） |
| 小　　計 | （　　　900　） |
| 配当金の受取額 | （　　　400　） |
| 法人税等の支払額 | （　△300　） |
| 営業活動によるキャッシュ・フロー | （　　1,000　） |

次の資料にもとづき、間接法によるキャッシュ・フロー計算書（営業活動によるキャッシュ・フロー）を作成しなさい。

### 貸借対照表

|  | 前期末 | 当期末 |
|---|---|---|
| 売掛金 | 400 | 300 |
| 貸倒引当金 | △30 | △50 |
| 商品 | 700 | 800 |
| ： | ： | ： |
| 買掛金 | 500 | 300 |
| 未払法人税等 | 200 | 400 |
| 未払給料 | 10 | 20 |

### 損益計算書

| | |
|---|---|
| 売上高 | 3,000 |
| 売上原価 | 1,200 |
| 　売上総利益 | 1,800 |
| 給料 | 610 |
| 減価償却費 | 20 |
| 貸倒引当金繰入 | 40 |
| 消耗品費 | 80 |
| 　営業利益 | 1,050 |
| 受取配当金 | 400 |
| 　税引前当期純利益 | 1,450 |
| 　法人税等 | 500 |
| 　当期純利益 | 950 |

1. 商品売買はすべて掛けで行い、前期に発生した売掛金20円が貸倒れた。
2. 配当金の受取額は、営業活動によるキャッシュ・フローの区分に表示する。

# ▶ポイント

営業活動によるキャッシュ・フロー（間接法）

① 非資金損益項目の調整

　減価償却費 → 加算

　貸倒引当金の増加額 → 加算（B／S上の差額）

② 営業外損益・特別損益項目の調整

　収益 → 減算　　費用 → 加算

③ 営業資産・営業負債の調整

　営業資産 {増加 → 減算 / 減少 → 加算}　　営業負債 {増加 → 加算 / 減少 → 減算}

## ▶キャッシュ・フロー計算書

キャッシュ・フロー計算書

営業活動によるキャッシュ・フロー

| | | |
|---|---|---|
| 税引前当期純利益 | （　1,450　） | |
| 減価償却費 | （　20　） | |
| 貸倒引当金の増加額 | （　20　） | ← 50 － 30 |
| 受取配当金 | （　△400　） | |
| 売上債権の減少額 | （　100　） | ← 300 － 400 |
| 棚卸資産の増加額 | （　△100　） | ← 800 － 700 |
| 仕入債務の減少額 | （　△200　） | ← 300 － 500 |
| 未払給料の増加額 | （　10　） | ← 20 － 10 |
| 小　計 | （　900　） | |
| 配当金の受取額 | （　400　） | |
| 法人税等の支払額 | （　△300　） | |
| 営業活動によるキャッシュ・フロー | （　1,000　） | |

次の資料にもとづき、投資活動によるキャッシュ・フロー区分と財務活動によるキャッシュ・フロー区分の記載を完成させなさい（単位：円）。

貸借対照表

|  | 前期末残高 | 当期末残高 |
|---|---|---|
| ⋮ | ⋮ | ⋮ |
| 有　価　証　券 | 1,600 | 900 |
| 短　期　貸　付　金 | 400 | 200 |
| 建　　　　　物 | 4,800 | 2,800 |
| 減　価　償　却　累　計　額 | △ 600 | △ 500 |
| ⋮ | ⋮ | ⋮ |
| 資　　産　　合　　計 | × × × | × × × |
| ⋮ | ⋮ | ⋮ |
| 短　期　借　入　金 | 3,600 | 3,000 |
| 資　　　本　　　金 | 4,000 | 4,800 |
| ⋮ | ⋮ | ⋮ |
| 負債・純資産合計 | × × × | × × × |

1．帳簿価額 1,200 円の有価証券を売却し、売却益 200 円を計上した。なお、当期末において有価証券評価損 100 円を計上している。また、評価損益は切放法により処理している。

2．短期貸付金（貸付期間はすべて 1 年以内）の当期貸付額は 500 円である。

3．取得原価 2,000 円の建物（減価償却累計額 200 円）を期首に 2,400円で売却した。

4．短期借入金（借入期間はすべて 1 年以内）の当期借入額は 3,400円である。

5．当期に新株を発行し、現金 800 円の払込みを受けた。

6．当期中に株主に対し、配当金 100 円を現金で支払った。

## ▶キャッシュ・フロー計算書

キャッシュ・フロー計算書 （単位：円）

投資活動によるキャッシュ・フロー

| | |
|---|---|
| 有価証券の取得による支出 | （　△600　） |
| 有価証券の売却による収入 | （　1,400　） |
| 有形固定資産の売却による収入 | （　2,400　） |
| 貸付けによる支出 | （　△500　） |
| 貸付金の回収による収入 | （　700　） |
| 投資活動によるキャッシュ・フロー | （　3,400　） |

財務活動によるキャッシュ・フロー

| | |
|---|---|
| 短期借入れによる収入 | （　3,400　） |
| 短期借入金の返済による支出 | （　△4,000　） |
| 株式の発行による収入 | （　800　） |
| 配当金の支払額 | （　△100　） |
| 財務活動によるキャッシュ・フロー | （　100　） |

有価証券

| 期首<br>1,600 円 | 売却原価<br>1,200 円 |
|---|---|
| | 評価損 100 円 |
| 取得（差額）<br>600 円 | 期末<br>900 円 |

短期貸付金

| 期首<br>400 円 | 回収（差額）<br>700 円 |
|---|---|
| 貸付<br>500 円 | 期末<br>200 円 |

短期借入金

| 返済（差額）<br>4,000 円 | 期首<br>3,600 円 |
|---|---|
| 期末<br>3,000 円 | 借入<br>3,400 円 |

　P社はS社株式の80%を所有し、S社を支配している。次の資料にもとづき、直接法、原則法による連結キャッシュ・フロー計算書（営業活動と財務活動のみ）を作成しなさい。　　　　　　　　（単位：円）

個別キャッシュ・フロー計算書

|  | P 社 | S 社 |
|---|---|---|
| 営業活動によるキャッシュ・フロー |  |  |
| 　営業収入 | 10,000 | 7,000 |
| 　商品の仕入支出 | △6,000 | △5,000 |
| 　　小　　計 | 4,000 | 2,000 |
| 　配当金の受取額 | 1,000 | 500 |
| 営業活動によるキャッシュ・フロー | 5,000 | 2,500 |
| 財務活動によるキャッシュ・フロー |  |  |
| 　配当金の支払額 | △3,000 | △1,000 |
| 財務活動によるキャッシュ・フロー | △3,000 | △1,000 |

1．P社はS社に商品を掛けで販売している。当期のS社に対する掛売上高は4,000円、P社のS社に対する売掛金は、期首1,000円、期末2,000円である。

2．S社は当期に1,000円の剰余金の配当を行った。

## ▶ポイント

原則法の場合、個別キャッシュ・フローを合算し、親子会社間のキャッシュ・フローを相殺して作成します。そのため、相殺額は、掛売上高（掛仕入高）ではなく回収額（支払額）です。

また、子会社の配当金のうち、親会社分は配当金の受取額と相殺し、非支配株主分は「非支配株主への配当金の支払額」として別表示します。

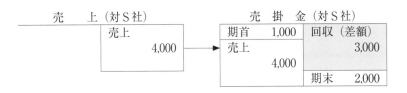

| 売　　上（対S社） | |
|---|---|
| | 売上 4,000 |

| 売　掛　金（対S社） | |
|---|---|
| 期首 1,000 | 回収（差額） 3,000 |
| 売上 4,000 | |
| | 期末 2,000 |

## ▬▶キャッシュ・フロー計算書

### キャッシュ・フロー計算書

営業活動によるキャッシュ・フロー
　営業収入　　　　　　　　　（　**14,000**　）← 10,000 + 7,000 − 3,000
　商品の仕入支出　　　　　　（　△**8,000**　）← 6,000 + 5,000 − 3,000
　　小　　計　　　　　　　　（　**6,000**　）
　配当金の受取額　　　　　　（　**700**　）← 1,000 + 500 − 1,000 × 80%
営業活動によるキャッシュ・フロー（　**6,700**　）
財務活動によるキャッシュ・フロー
　配当金の支払額　　　　　　（　△**3,000**　）← 3,000 + 1,000 − 1,000
　非支配株主への配当金の支払額（　△**200**　）← 1,000 × 20%
財務活動によるキャッシュ・フロー（　△**3,200**　）

## 問題1　有価証券の保有目的の変更1　　重要度 C

　当社は、正当な理由により以下の有価証券について、保有目的を変更した。変更時の仕訳を示しなさい。

| 銘　柄 | 変更前 | 変更後 | 簿　価 | 変更時の時価 |
|---|---|---|---|---|
| A社株式 | 売買目的 | 子会社株式 | 1,000 円 | 1,200 円 |
| B社株式 | 子会社株式 | その他有価証券 | 2,000 円 | 2,200 円 |

### ポイント

有価証券の保有目的の変更

① 振替価額：

原則として、「変更前」の保有目的の評価額で振替える。

② 評価差額の処理：

「変更前」の保有目的の評価差額の処理方法で処理する。

| 変　更　前 | 変　更　後 | ① 振 替 価 額 | ②振替時の評価差額 |
|---|---|---|---|
| 売買目的有価証券 | 関 係 会 社 株 式 | 振 替 時 の 時 価 | 有価証券評価損益 |
|  | その他有価証券 |  |  |
| 満期保有目的債券 | 売買目的有価証券 | 振替時の償却原価 | － |
|  | その他有価証券 |  |  |
| 関 係 会 社 株 式 | 売買目的有価証券 | 振 替 時 の 簿 価 | － |
|  | その他有価証券 |  |  |

### 仕訳

(1)　A社株式

（借）子 会 社 株 式　1,200 [01]　（貸）売買目的有価証券　1,000
　　　　　　　　　　　　　　　　　　　　有価証券評価損益　　200

01）変更時の時価

(2)　B社株式

（借）その他有価証券　2,000 [02]　（貸）子 会 社 株 式　2,000

02）変更時の簿価

## 問題2　有価証券の保有目的の変更2　　重要度 C

　当社は、正当な理由により以下の有価証券について、保有目的を変更した。変更時の仕訳を示しなさい。

| 銘　柄 | 変更前 | 変更後 | 簿　価 | 変更時の時価 |
|---|---|---|---|---|
| C社株式 | その他有価証券 | 売買目的 | 700 円 | 900 円 |
| D社株式 | その他有価証券 | 子会社株式 | 3,000 円 | 3,100 円 |

### ➤ ポイント

　その他有価証券からの保有目的の変更

(1)「その他有価証券」から「売買目的有価証券」に変更

　　①　振替価額：時価

　　②　振替時の評価差額：<u>損益に計上</u>（例外的処理　変更後の保有目的）

(2)「その他有価証券」から「子会社株式・関連会社株式」に変更

　　①　振替価額：簿価（例外的処理　変更後の保有目的）

　　②　振替時の評価差額：簿価のためなし

| 変　更　前 | 変　更　後 | ①振替価額 | ②振替時の評価差額 |
|---|---|---|---|
| その他有価証券 | 売買目的有価証券 | 振替時の時価 | (例外)投資有価証券評価損益 |
| | 関係会社株式 | (例外)振替時の簿価※ | － |

※「その他」から「関係」の場合で、前期末に部分純資産直入法による評価損が計上されているときは「前期末時価」で振替えます。これは、期首の洗替えで貸方に計上される投資有価証券評価損益と相殺するためです。

### 仕 訳 ▶

(1)　C社株式

| （借）売買目的有価証券 | 900 [01] | （貸）その他有価証券 | 700 |
|---|---|---|---|
| | | 投資有価証券評価損益 | 200 |

01）変更時の時価

(2)　D社株式

| （借）子 会 社 株 式 | 3,000 [02] | （貸）その他有価証券 | 3,000 |
|---|---|---|---|

02）変更時の簿価

次の取引の当社における仕訳を示しなさい。

1 当社は、A社に対する貸付金（簿価 9,500 円）を B 社に 7,000 円で譲渡し、対価は現金で受け取った。

2 譲渡により当社に買戻権（債権の価値が上がった場合に債権を買い戻す権利）が生じる。買戻権の時価は 1,500 円である。

3 譲渡により当社にリコース義務（貸付金が回収不能になった場合に当社が負担する遡及義務）が生じる。リコース義務の時価は 500 円である。

4 貸付金の回収業務は当社が引き続き行う。回収サービス業務資産（回収業務から得られる手数料の現在価値）の時価は 2,000 円である。

➤ ポイント

貸付金の譲渡

① 貸付金の簿価のうち、譲渡により消滅する部分を減らす。

② 譲渡により発生した現金・買戻権、リコース義務を時価で計上し、消滅部分との差額を貸付金売却益(損)とする。

③ 貸付金の簿価のうち、当社に残る回収業務(残存部分)を回収サービス業務資産に振替える。

※ 消滅部分の簿価：貸付金× $\dfrac{\text{譲渡部分の時価}}{\text{譲渡部分の時価}+\text{残存部分の時価}}$

残存部分の簿価：貸付金× $\dfrac{\text{残存部分の時価}}{\text{譲渡部分の時価}+\text{残存部分の時価}}$

譲渡部分の時価：現金＋買戻権－リコース義務

**仕訳**

(1) 消滅部分の処理

| (借) 現　　　　金 | 7,000 | (貸) 貸　付　　金 | 7,600 [01] |
|---|---|---|---|
| 買　戻　権 | 1,500 | リコース義務 | 500 |
| | | 貸付金売却益 | 400 [02] |

01) 譲渡部分の時価：7,000 円 + 1,500 円 − 500 円 = 8,000 円

消滅部分：$9,500 \text{円} \times \dfrac{8,000 \text{円}}{8,000 \text{円} + 2,000 \text{円}} = 7,600 \text{円}$

02) 8,000 円 − 7,600 円 = 400 円

(2) 残存部分の処理

| (借) 回収サービス業務資産 | 1,900 [03] | (貸) 貸　付　　金 | 1,900 |
|---|---|---|---|

03) 残存部分：$9,500 \text{円} \times \dfrac{2,000 \text{円}}{8,000 \text{円} + 2,000 \text{円}} = 1,900 \text{円}$

　　回収サービス業務資産は貸借対照表上、未収収益または長期未収収益（1 年超）として表示します。

| (借) 現　　　　金 | 7,000 | (貸) 貸　付　　金 | 9,500 |
|---|---|---|---|
| 買　戻　権 | 1,500 | リコース義務 | 500 |
| 回収サービス業務資産 | 1,900 | 貸付金売却益 | 400 |

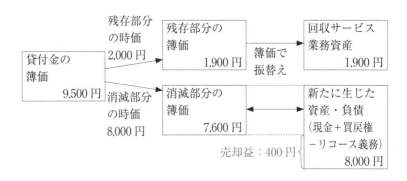

以下の各取引の仕訳を示しなさい。決算日は3月31日である。

(1)　×1年3月1日に備品を27,000円で購入し、代金は毎月末を支払期日とする約束手形10,000円を3枚振出して支払った。利息は前払利息で処理する。

(2)　×1年3月31日に約束手形10,000円が当座預金口座より決済された。利息の配分を定額法、利息法によった場合の仕訳をそれぞれ示すこと。利息法の利率は月5％である。

(3)　決算により備品の減価償却を行う。
　　定額法、残存価額ゼロ、耐用年数3年、間接法による。
　　期中に取得した固定資産については月割計算を行う。

## ➤ポイント

固定資産の割賦購入
(1)　取得時
　　固定資産の取得原価：現金購入価額
　　負債計上額：支払総額
　　前払利息：支払総額－現金購入価額
(2)　代金支払時
　　定額法：支払利息＝利息総額÷支払回数
　　利息法：支払利息＝元本残高×利子率

## 仕訳 ▶

(1) 取得時

| （借）備 品 | 27,000 01) | （貸）営業外支払手形 | 30,000 02) |
|---|---|---|---|
| 前 払 利 息 | 3,000 | | |

01) 現金購入価額　02) 10,000 円 × 3 枚 = 30,000 円

(2) 代金支払時

① 定額法

| （借）営業外支払手形 | 10,000 | （貸）当 座 預 金 | 10,000 |
|---|---|---|---|
| （借）支 払 利 息 | 1,000 03) | （貸）前 払 利 息 | 1,000 |

03) 3,000 円 ÷ 3 カ月 = 1,000 円

② 利息法

| （借）営業外支払手形 | 10,000 | （貸）当 座 預 金 | 10,000 |
|---|---|---|---|
| （借）支 払 利 息 | 1,350 04) | （貸）前 払 利 息 | 1,350 |

04) 27,000 円 × 5 % = 1,350 円

> 参考　2回目の支払利息
>
> 元本返済額：10,000 円 − 1,350 円 = 8,650 円
>
> 元本残高：27,000 円 − 8,650 円 = 18,350 円
>
> 支払利息：18,350 円 × 5 % ≒ 918 円（× 1 年 4 月 30 日）

(3) 決算時

| （借）減 価 償 却 費 | 750 05) | （貸）備品減価償却累計額 | 750 |
|---|---|---|---|

05) $27,000 円 ÷ 3 年 × \dfrac{1 カ月}{12 カ月} = 750 円$

リースと割賦購入の比較

| | 割賦購入 | リース |
|---|---|---|
| 期　　　間 | 比較的短期 | 比較的長期 |
| 固定資産税、保険料 | 買手が負担 | 通常、リース料に含まれる |
| 会計処理 | 伝統的な会計処理 | リース取引の会計基準による |

次の取引の仕訳を示しなさい。

> 当社は、アメリカにあるA社に対し商品50ドルを輸出した。この
> うち40ドルについて取引銀行で荷為替を取組み、割引料100円を
> 差し引かれた残額を同行の当座預金とした。
> 輸出時のレートは1ドル100円とする。

## ➤ ポイント

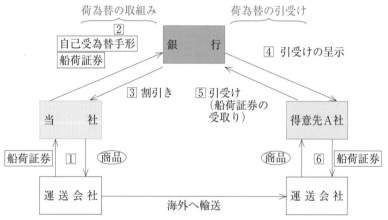

(1) 荷為替の取組み〈当社〉

　荷為替の取組みとは、

　①商品の海外輸送にさいして、運送会社より受け取る貨物代表証券を利用して、

　②自己受為替手形を振り出し、

　③これを銀行で割り引く

　　という一連の行為をいいます。売主は手形を割り引くことで、代金を早期に回収
できます。

(2) 荷為替の引受け＜A社＞

　荷為替の引受けとは、

　④荷受人（得意先）が銀行から荷為替手形の呈示を受け、

　⑤それを引き受けて、貨物代表証券を受け取ることをいいます。

　そして、

　⑥得意先は貨物代表証券と引換えに商品を受け取ります。

**仕訳**

荷為替の取組み [01]

| (借)当 座 預 金 | 3,900 [03] | (貸)売 | 上 | 5,000 [02] |
|---|---|---|---|---|
| 手 形 売 却 損 | 100 | | | |
| 売 掛 金 | 1,000 [04] | | | |

01) 商品代金全額について荷為替を取組むことを丸為替（まるがわせ）といいます。

02) 50 ドル × 100 円 = 5,000 円

03) 40 ドル × 100 円 − 100 円 = 3,900 円

04) 10 ドル × 100 円 = 1,000 円

　　上の仕訳は、以下のように分けるとイメージしやすいです。

① 自己受為替手形の振出し

　　商品を販売したと同時に、自己受為替手形 [05] を振り出したと考えます。

| (借)受 取 手 形 | 4,000 | (貸)売 | 上 | 5,000 |
|---|---|---|---|---|
| 売 掛 金 | 1,000 | | | |

05) 自己受為替手形とは、自分を代金の受取人として振出す手形をいいます。

② 荷為替手形の割引

　　この自己受為替手形を銀行で割引いたと考えます。

| (借)当 座 預 金 | 3,900 | (貸)受 取 手 形 | 4,000 |
|---|---|---|---|
| 手 形 売 却 損 | 100 | | |

---

**研究** もしも、船荷証券が紛失したら…。

　アメリカから日本に船便で商品を輸送するさい、船荷証券は飛行機で送られてきます。

　しかし、もしもその飛行機が墜落などして、船荷証券が届かなかった場合、その商品はどうなってしまうのでしょうか？

　実は船荷証券は、一般的に正・副、その他の３通が発行され、それぞれが別便で発送されるようになっています。ですから、仮に正が届かなくても、副で受取ることができるのです。

次の取引の仕訳を示しなさい。

(1)　当社は、アメリカにあるB社より商品50ドルを輸入した。B社は
　　このうち40ドルの荷為替を取組み、当社はそれを引受け、船荷証券
　　を受取った。
　　　輸入時のレートは1ドル100円とする。

(2)　当社は、船荷証券と引き換えに商品50ドルを受取った。

**仕 訳**

(1)　荷為替の引受け

　　　荷為替手形を引受けたときは、引受け分を支払手形で処理するとともに残額を買掛金
　　とします。また、貨物代表証券の受取りは、未着品とします。

| (借)未　着　品 | 5,000 [01] | (貸)支　払　手　形 | 4,000 [02] |
|---|---|---|---|
| | | 買　掛　金 | 1,000 [03] |

　　01) 50ドル×100円＝5,000円
　　02) 40ドル×100円＝4,000円
　　03) 10ドル×100円＝1,000円

(2)　商品の受取り

　　　商品を受取った時に、未着品から仕入に振り替えます。

| (借)仕　　　入 | 5,000 | (貸)未　着　品 | 5,000 |
|---|---|---|---|

## 問題7 クレジット売掛金 重要度 C

次の取引の仕訳を示しなさい。

(1) 商品1,000円をクレジット払いの条件で販売した。なお、信販会社（カード会社）のクレジット手数料（販売代金の5％）は販売時に認識する。

(2) 信販会社から、5％の手数料を引いた手取額950円が当社の当座預金口座に振り込まれた。

### ポイント

(3)手取金の受取り
(2)支払の請求
(2)代金の支払い
(3)手数料の支払い
(1)カードの呈示
(1)商品の引渡し

信 販 会 社
当 社
顧 客

商品販売時に、お客様がカード決済を指定された場合、販売代金は信販会社（カード会社）が当社に代わって回収します。そして、当社は信販会社から手数料を差し引かれた残額を受取ります。

### 仕訳 ▶

(1) 商品販売時

| （借）クレジット売掛金 (02) | 950 (04) | （貸）売 上 | 1,000 |
| 支 払 手 数 料 (01) | 50 (03) | | |

01) 通常、販売費及び一般管理費の区分に表示します。

02) B／S上、売掛金に含めて表示します。

03) 1,000円×5％＝50円

04) 1,000円－50円＝950円

(2) 代金受取り時

| （借）当 座 預 金 | 950 | （貸）クレジット売掛金 | 950 |

前期末貸借対照表に計上されたのれん（資産の部）および繰延資産が以下の場合について、それぞれ分配可能額を算定しなさい。なお、前期末から分配日まで、株主資本項目に変動はなかった。

<table>
<tr><td colspan="2">前期末貸借対照表</td><td>（単位：千円）</td></tr>
<tr><td>資　　本　　金</td><td>5,800</td></tr>
<tr><td>資　本　準　備　金</td><td>500</td></tr>
<tr><td>そ の 他 資 本 剰 余 金</td><td>400</td></tr>
<tr><td>利　益　準　備　金</td><td>700</td></tr>
<tr><td>任　意　積　立　金</td><td>600</td></tr>
<tr><td>繰 越 利 益 剰 余 金</td><td>800</td></tr>
</table>

① のれん　　5,000 千円
② のれん　14,400 千円
③ のれん　　8,000 千円、繰延資産　3,500 千円
④ のれん　15,000 千円、繰延資産　　500 千円

▶分配可能額

① **1,800** 千円　② **1,600** 千円　③ **1,300** 千円　④ **900** 千円

（単位：千円）

(1) 剰余金

その他資本剰余金 400 ＋任意積立金 600 ＋繰越利益剰余金 800 ＝ 1,800

(2) 資本等金額

資本金 5,800 ＋資本準備金 500 ＋利益準備金 700 ＝ 7,000

(3) 資本等金額＋その他資本剰余金

資本等金額 7,000 ＋その他資本剰余金 400 ＝ 7,400

**① のれん 5,000 の場合**

のれん等調整額：5,000 ÷ 2 ＝ 2,500

のれん等調整額 2,500 ＜資本等金額 7,000　分配制限額 0

∴分配可能額：1,800 － 0 ＝ 1,800

② **のれん 14,400 の場合**

のれん等調整額：14,400 ÷ 2 ＝ 7,200

資本等金額 7,000 ＜のれん等調整額 7,200 ＜資本等＋その他 7,400

分配制限額：のれん等調整額 7,200 － 資本等金額 7,000 ＝ 200

∴分配可能額：1,800 － 200 ＝ 1,600

③ **のれん 8,000、繰延資産 3,500 の場合**

のれん等調整額：8,000 ÷ 2 ＋ 3,500 ＝ 7,500

のれん等調整額 7,500 ＞資本等＋その他 7,400

のれん ÷ 2：4,000 ＜資本等＋その他 7,400

分配制限額：のれん等調整額 7,500 － 資本等金額 7,000 ＝ 500

∴分配可能額：1,800 － 500 ＝ 1,300

④ **のれん 15,000、繰延資産 500 の場合**

のれん等調整額：15,000 ÷ 2 ＋ 500 ＝ 8,000

のれん等調整額 8,000 ＞資本等＋その他 7,400

のれん ÷ 2：7,500 ＞資本等＋その他 7,400

分配制限額：その他資本剰余金 400 ＋ 繰延資産 500 ＝ 900

∴分配可能額：1,800 － 900 ＝ 900

| 資　本　金 5,800 | 準備金（資本準備金＋利益準備金） 1,200 | |
|---|---|---|
| 資本等金額　7,000 | | その他資本剰余金 400 |

| | | | | |
|---|---|---|---|---|
| ① | のれん ÷ 2 2,500 | | | |
| ② | のれん ÷ 2 7,200 | | 200 | |
| ③ | のれん ÷ 2 4,000 | 繰延資産 3,500 | 500 | |
| ④ | のれん ÷ 2 7,500 | | 400 | 繰延資産 500 |

　　　　分配制限額

分配可能額は、会社が剰余金の配当や自己株式の取得を行える限度額をいいます。分配可能額は、会社財産の外部への流出が無制限にされないように会社法で規定されています。

分配可能額＝分配時の剰余金－自己株式の簿価－自己株式処分対価（当期中）
　　　　　－のれん等調整額の控除額－その他有価証券評価差額金の借方残高

**参考**

1　自己株式は、株主から自社の株式を買って株主にお金を払い戻した（分配した）ものと考えるため、分配可能額の計算で引きます。

2　自己株式の処分によって特に金銭以外の財産を取得した場合に、取得した財産が仮に高く評価されると、不当に分配可能額が多くなります。そのため、決算の承認を得ないと、自己株式の処分対価は分配可能額には入れることができません。

3　のれんと繰延資産は、会社法では費用の繰延べで財産価値がないものと考えています。
　　この資産が資本金と準備金を超えるほど多額の場合には、分配可能額の計算で引きます。
　　なお、のれんは将来企業に収益をもたらす可能性があるため、おおまかに2分の1の財産価値を認めています。

4　その他有価証券評価差額金の借方残高は未実現損失ですが、分配可能後に現実の損失となる可能性を考えて、分配可能額の計算で引きます。

# 科目の表示区分一覧表

1級で学習する主な科目の貸借対照表と損益計算書の表示区分です。

## 貸 借 対 照 表

### 資 産 の 部

I 流動資産

| 表 示 科 目 | 内容・その他 |
|---|---|
| 現金預金 | 現金、当座預金、普通預金、翌期中に満期となる定期預金 |
| 電子記録債権 | 電子債権記録機関に発生記録をした債権 |
| 売掛金 | 営業取引により発生した債権。クレジット売掛金も含む |
| 割賦売掛金 | 割賦販売による売掛金 |
| 契約資産 | 企業が顧客に移転した商品またはサービスと交換に受け取る対価に対する企業の権利のうち、相手にいまだ支払義務が発生せず、法的な請求権がないもの |
| 有価証券 | 売買目的有価証券、債券のうち翌期中に償還期限が到来するもの |
| 商品 | 手許商品、積送品、試用品、未着品、割賦商品など |
| 返品資産 | 返品権付き販売において、顧客から返品が見込まれる商品を回収する権利 |
| 短期貸付金 | 翌期中に回収日が到来する貸付金 |
| 為替予約 | 為替予約により生じた正味の債権 |
| 先物取引差金 | 先物取引により生じた正味の債権 |
| 先物取引差入証拠金 | 先物取引の契約時に支払う保証金 |
| 金利スワップ資産<br>(または金利スワップ) | 金利スワップ取引により生じた正味の債権 |
| オプション資産 | オプション取引により生じた正味の債権 |
| リース債権 | 所有権移転ファイナンス・リースにおけるリース料を受取る権利 |
| リース投資資産 | 所有権移転外ファイナンス・リースにおけるリース料を受取る権利 |
| 買戻権 | 債権を買い戻す権利 |
| 貸倒引当金 | 流動資産に表示される債権に係る貸倒見積高 |

## II 固定資産

### 1 有形固定資産

| 表 示 科 目 | 内容・その他 |
|---|---|
| リース資産 | ファイナンス・リース取引で借手が取得した固定資産 |

### 2 無形固定資産

| 表 示 科 目 | 内容・その他 |
|---|---|
| のれん | 企業の超過収益力 |
| ソフトウェア | 市場販売目的、自社利用のソフトウェア |
| ソフトウェア仮勘定 | 制作中のソフトウェア |

### 3 投資その他の資産

| 表 示 科 目 | 内容・その他 |
|---|---|
| 投資有価証券 | その他有価証券、満期保有目的債券、<br>債券のうち翌々期以降に償還期限が到来するもの |
| 関係会社株式 | 子会社株式、関連会社株式 |
| 長期貸付金 | 翌々期以降に回収日が到来する貸付金 |
| 破産更生債権等 | 経営破綻または実質的に経営破綻に陥っている債務者に対する債権（翌期中に回収が見込めないもの） |
| 長期定期預金 | 翌々期以降に満期となる定期預金 |
| 長期前払費用 | 前払費用のうち翌々期以降に対応するもの |
| 前払年金費用 | 個別上、年金資産の額が、退職給付債務に未認識数理計算上の差異及び未認識過去勤務費用を加減した額を超える場合の科目　連結上は、「退職給付に係る資産」 |
| 繰延税金資産 | 将来減算一時差異により生じ、将来の税金の減額効果があるもの |
| 投資不動産 | 賃貸や売却益を得るために取得した土地、建物 |
| 貸倒引当金 | 固定資産に表示される債権に係る貸倒見積高 |

## III 繰延資産

| 表 示 科 目 | 内容・その他 |
|---|---|
| 創立費 | 会社の設立費用を資産計上したもの |

| 開業費 | 開業に要した費用を資産計上したもの |
|---|---|
| 開発費 | 資源の開発および市場の開拓費用を資産計上したもの |
| 株式交付費 | 新株発行、自己株式の処分費用を資産計上したもの |
| 社債発行費 | 社債発行費用を資産計上したもの |

# 負 債 の 部

## Ⅰ　流動負債

| 表 示 科 目 | 内容・その他 |
|---|---|
| 電子記録債務 | 電子債権記録機関に発生記録をした債務 |
| 契約負債 | 商品またはサービスを顧客に移転する前に、企業が顧客から対価を受け取ったもの |
| 返金負債 | 顧客から対価を受け取っているものの、その対価の一部または全部を顧客に返金する義務 |
| 短期借入金 | 翌期中に返済期限が到来する借入金 |
| 未払法人税等 | 法人税、住民税、事業税の未払額 |
| 未払消費税等<br>（未払消費税） | 消費税の未払額 |
| 保証債務 | 割引・裏書した手形が不渡りになった場合の支払義務 |
| リース債務 | リース取引による債務で翌期中に返済予定のもの |
| 営業外支払手形 | 企業の主たる営業取引以外の取引により発生した支払手形のうち、翌期中に満期日が到来するもの |
| リコース義務 | 債権が回収不能となった場合の支払義務 |
| 工事損失引当金 | 将来の工事損失を引当金として計上したもの |

## Ⅱ　固定負債

| 表 示 科 目 | 内容・その他 |
|---|---|
| 社債 | 企業が発行した返済義務のある債券 |
| 長期借入金 | 翌々期以降に返済日が到来する借入金 |
| 退職給付引当金 | 従業員の将来の退職金のうち当期末までに発生しているもの |
| 退職給付に係る負債 | 退職給付引当金の連結財務諸表上の表示科目 |
| リース債務 | リース取引による債務で翌々期以降に返済予定のもの |
| 資産除去債務 | 有形固定資産を除去するさいに発生する将来の費用 |
| 繰延税金負債 | 将来加算一時差異により生じ、将来の税金の増額効果があるもの |

| （長期）営業外支払手形 | 企業の主たる営業取引以外の取引により発生した支払手形のうち、翌々期以降に満期日が到来するもの |
|---|---|

# 純 資 産 の 部

## I 株主資本

| 表 示 科 目 | 内容・その他 |
|---|---|
| 資本金 | 株式の払込金額 |
| 資本準備金 | 株式の払込金額のうち資本金としなかったもの<br>剰余金の配当時に会社法の規定により積み立てたもの |
| その他資本剰余金 | 資本剰余金のうち資本準備金以外のもの |
| 利益準備金 | 剰余金の配当時に会社法の規定により積み立てたもの |
| 圧縮積立金 | 積立金方式の圧縮記帳により積み立てた利益の圧縮額 |
| 繰越利益剰余金 | 企業が獲得した利益 |
| 自己株式 | 自社の株式を購入したもの、資本の払戻し |

## II 評価・換算差額等 （連結財務諸表では、その他の包括利益累計額）

| 表 示 科 目 | 内容・その他 |
|---|---|
| その他有価証券評価差額金 | その他有価証券の簿価と時価の差額 |
| 繰延ヘッジ損益 | デリバティブ取引による損益を繰り延べたもの |
| 為替換算調整勘定 | 在外子会社の貸借対照表の換算差額 （連結財務諸表のみ） |
| 退職給付に係る調整累計額 | 未認識の数理計算上の差異と過去勤務費用<br>（連結財務諸表のみ） |

## III 株式引受権

| 表 示 科 目 | 内容・その他 |
|---|---|
| 株式引受権 | 金銭の払込み等を要しないで、株式を受取る権利 |

## IV 新株予約権

| 表 示 科 目 | 内容・その他 |
|---|---|
| 新株予約権 | 新株を一定の価格で買うことができる権利 |

## V 非支配株主持分 （連結財務諸表のみ）

| 表 示 科 目 | 内容・その他 |
|---|---|
| 非支配株主持分 | 子会社の資本のうち親会社の持分以外の部分 |

# 損 益 計 算 書

## Ⅰ 売上高

| 表 示 科 目 | 内容・その他 |
|---|---|
| 売上高 | 商品・製品の売上高、特殊商品販売による売上高も含む。 |
| 役務収益 | サービスの提供による売上高 |
| ソフトウェア売上高 | ソフトウェアの売上高 |

## Ⅱ 売上原価

| 表 示 科 目 | 内容・その他 |
|---|---|
| 期首商品棚卸高 | 当期首における商品有高 |
| 当期商品仕入高 | 商品の純仕入高 |
| 期末商品棚卸高 | 当期末における商品有高 |
| 棚卸減耗損 | 期末商品帳簿棚卸高と実地棚卸高との差異<br>（販売費及び一般管理費の場合もあり） |
| 商品評価損 | 商品の収益性の低下による評価損 |
| 繰延リース利益戻入 | 回収リース料に含まれる利益 |
| 繰延リース利益控除 | 未回収リース料に含まれる利益 |
| 役務原価 | サービスの提供にかかった費用のうち、役務収益に対応する費用 |
| ソフトウェア売上原価 | 販売したソフトウェアにかかる売上原価、市場販売目的のソフトウェアの償却額 |

## Ⅲ 販売費及び一般管理費

| 表 示 科 目 | 内容・その他 |
|---|---|
| 貸倒引当金繰入 | 売上債権に対する貸倒見積費用 |
| 貸倒損失 | 売上債権の回収不能額 |
| 退職給付費用 | 将来、従業員が退職するときに支払う退職金のうち、当期に負担すべき金額 |
| 棚卸減耗損 | 期末商品帳簿棚卸高と実地棚卸高との差額<br>（売上原価の内訳科目とする場合もあり） |
| 減価償却費 | 固定資産の取得原価の費用化額 |

| 利息費用 | 期首資産除去債務について期末までに発生した計算上の利息 |
|---|---|
| 履行差額 | 除去費用の実際額と見積り額との差額 |
| のれん償却額 | 企業の超過収益力の費用化額 |
| ソフトウェア償却 | 自社利用のソフトウェアの費用化額 |
| 研究開発費 | 新しい製品などの研究や開発にかかる費用 |
| 株式報酬費用 | 付与したストック・オプションに応じて企業が従業員から取得する労働サービスを費用計上したもの |
| 報酬費用 | 交付した株式に応じて企業が取締役等から取得する労働サービスを費用計上したもの |
| 開発費（開発費償却） | 開発費の費用化額（または繰延資産として計上したときの費用化額） |
| 積送諸掛 | 委託販売の販売手数料・発送費用 |
| 支払手数料 | クレジット取引により信販会社に支払った手数料 |

## Ⅳ 営業外収益

| 表示科目 | 内容・その他 |
|---|---|
| 受取利息 | 利息の受取額 |
| 有価証券利息 | 債券の利札・償却原価法による償却額 |
| 受取配当金 | 株式の配当金 |
| 有価証券売却益 | 主に売買目的有価証券の売却益 |
| 有価証券評価益 | 売買目的有価証券の評価益。評価損と相殺して表示 |
| 有価証券運用益 | 売買目的有価証券の配当金、売却損益、評価損益。運用損と相殺して表示 |
| 投資有価証券売却益 | 主にその他有価証券の売却益（特別利益の場合もあり） |
| 仕入割引 | 買掛金の期日前の支払いによる一部免除額 |
| 保証債務取崩益 | 支払義務の消滅による保証債務の戻入れ額 |
| 為替差益 | 外貨建資産・負債の換算差額または決済差額。為替差損と相殺して表示 |
| 先物取引利益 | 先物取引による利益 |
| 金利スワップ差益 | 金利スワップ取引による利益 |
| オプション差益 | オプション取引による利益 |
| 投資不動産賃貸料 | 投資不動産にかかる賃貸収入 |
| 持分法による投資利益 | 持分法適用会社の利益の増加額のうちの投資会社持分（連結財務諸表のみ） |

| 貸付金売却益 | 貸付金の売却益（特別利益の場合もあり） |
|---|---|
| 賃貸収入 | 不動産の賃貸による収入<br>（企業の主たる営業取引の場合、売上高） |
| 雑収入 | その他の営業外収益 |

## V　営業外費用

| 表 示 科 目 | 内容・その他 |
|---|---|
| 支払利息 | 利息の支払額 |
| 社債利息 | 発行した社債にかかる利息 |
| 支払手数料 | 自己株式の取得、消却などにかかる手数料 |
| 有価証券評価損 | 売買目的有価証券の評価損 |
| 有価証券売却損 | 主に売買目的有価証券の売却損 |
| 有価証券運用損 | 売買目的有価証券の配当金、売却損益、評価損益 |
| 投資有価証券売却損 | 主にその他有価証券の売却損 |
| 投資有価証券評価損 | その他有価証券に部分純資産直入法を適用した場合の評価損 |
| 棚卸減耗損 | 棚卸減耗損のうち、原価性がないもの<br>（特別損失の場合もあり） |
| 貸倒損失 | 営業外債権の回収不能額 |
| 貸倒引当金繰入 | 営業外債権に対する貸倒見積費用 |
| 手形売却損 | 手形の額面金額と割引価額との差額 |
| 仕入割引 | 買掛金を決済期日前に支払ったことによる代金の一部免除額 |
| 保証債務費用 | 手形の将来の支払義務を費用計上したもの |
| 電子記録債権売却損 | 電子記録債権の債権金額と売却価額との差額 |
| 投資不動産減価償却費 | 投資不動産の減価償却費 |
| 株式交付費<br>（株式交付費償却） | 株式交付費の費用化額<br>（または繰延資産として計上したときの費用化額） |
| 賃貸原価 | 不動産の賃貸にかかる費用（企業の主たる営業取引の場合、売上原価） |
| 創立費（創立費償却） | 創立費の費用化額<br>（または繰延資産として計上したときの費用化額） |
| 開業費（開業費償却） | 開業費の費用化額<br>（または繰延資産として計上したときの費用化額） |
| 社債発行費<br>（社債発行費償却） | 社債の発行費用の費用化額<br>（または繰延資産として計上したときの費用化額） |

| 為替差損 | 外貨建資産・負債の換算差額または決済差額。為替差益と相殺して表示 |
| --- | --- |
| 先物取引損失 | 先物取引による損失 |
| 金利スワップ差損 | 金利スワップ取引による損失 |
| オプション差損 | オプション取引による損失 |
| 持分法による投資損失 | 持分法適用会社の損失のうちの投資会社持分（連結財務諸表のみ） |
| 雑損失 | その他の営業外費用 |

## Ⅵ　特別利益

| 表 示 科 目 | 内容・その他 |
| --- | --- |
| 固定資産売却益 | 固定資産の売却による利益 |
| 投資有価証券売却益 | 主にその他有価証券の売却益（営業外収益の場合もあり） |
| 関係会社株式売却益 | 関係会社株式の売却による利益 |
| 社債償還益 | 社債の償還金額と簿価との差額 |
| 国庫補助金受贈益 | 国庫補助金の受取り額 |
| 事業移転利益 | 事業を他社に売却したことによる利益 |
| 新株予約権戻入益 | 新株予約権の権利行使期間満了時の戻入額 |
| 段階取得に係る差益 | 支配獲得までの取得原価と、支配獲得日の時価との差額による利益（連結財務諸表のみ） |

## Ⅶ　特別損失

| 表　示　科　目 | 内容・その他 |
|---|---|
| 固定資産売却損 | 固定資産の売却による損失 |
| 固定資産除却損 | 固定資産の除却による損失 |
| 固定資産圧縮損 | 直接減額方式の圧縮記帳を採用した場合の固定資産の圧縮額 |
| 減損損失 | 固定資産の収益性の低下による損失 |
| 投資有価証券評価損 | 強制評価減・実価法による投資有価証券の評価損 |
| 投資有価証券売却損 | 投資有価証券の売却損（営業外費用の場合もあり） |
| 関係会社株式売却損 | 関係会社株式の売却損 |
| 社債償還損 | 社債の償還金額と簿価との差額 |
| 事業移転損失 | 事業を他社に売却したことにより生じた損失 |
| 棚卸減耗損 | 棚卸減耗損のうち原価性がないもの<br>（営業外費用の場合もあり） |
| リース資産除却損※ | リース契約を中途解約した場合の、リース資産の除却損 |
| リース債務解約損※ | リース契約を中途解約した場合の、リース債務残高と違約金との差額 |
| 段階取得に係る差損 | 支配獲得までの取得原価と、支配獲得日の時価との差額による損失（連結財務諸表のみ） |

※　「リース資産除却損」と「リース債務解約損」を合わせて、P/L 上、「リース解約損」として表示することもできます。

## 法人税等

| 表　示　科　目 | 内容・その他 |
|---|---|
| 法人税、住民税及び事業税 | 法人税、住民税、事業税の発生額 |
| 法人税等調整額 | 税効果会計による法人税等の調整額 |

## 非支配株主に帰属する当期純利益 （連結財務諸表のみ）

| 表　示　科　目 | 内容・その他 |
|---|---|
| 非支配株主に帰属する当期純利益 | 子会社の利益の増加額のうち、親会社の持分以外の部分 |

# 索引

# 日商簿記1級

簿記検定の最高峰、日商簿記 1 級の WEB 講座では、実務的な話も織り交ぜながら、誰もが納得できるよう分かりやすく講義を進めていきます。

また、WEB 講座であれば、自宅にいながら受講できる上、受講期間内であれば何度でも繰り返し納得いくまで受講できるため、範囲が広くて 1 つひとつの内容が高度な日商簿記 1 級の学習を無理なく進めることが可能です。

ネットスクールと一緒に、日商簿記 1 級に挑戦してみませんか？

## 標準コース　学習期間（約1年）

じっくり学習したい方向けのコースです。初学者の方や、実務経験のない方でも、わかり易く取引をイメージして学習していきます。お仕事が忙しくても 1 級にチャレンジされる方向きです。

## 速修コース　学習期間（約6カ月）

短期間で集中して 1 級合格を目指すコースです。比較的残業が少ない等、一定の時間が取れる方向きです。また、早く本試験に挑戦できる実力を身につけたい方にもオススメのコースです。

※ 1 級標準・速修コースをお申し込みいただくと、特典として**2級インプット講義が本試験の前日まで学習いただけます**。
　2 級の内容に少し不安が…という場合でも安心してご受講いただけます。

# 日商簿記1級WEB講座で採用『反転学習』とは？

【従　　来】　INPUT（集合授業）　➡　OUTPUT（各自の復習）

簿記の授業でも、これまでは上記のように問題演習を授業後の各自の復習に委ねられ、学習到達度の大きな差が生まれる原因を作っていました。そこで、ネットスクールの日商簿記対策 WEB 講座では、このスタイルを見直し、反転学習スタイルで講義を進めています。

【反　転　学　習】　INPUT（知識を取り込む）　➡　OUTPUT（知識を活用する）

各自、INPUT 講義でまずは必要な知識を取り込んでいただき、その後の OUTPUT 講義で、インプットの復習とともに具体的な問題演習を行って、知識の定着を図ります。それぞれ異なる性質の講義を組み合わせた「反転学習」のスタイルを採用することにより、学習時間を有効活用しながら、早い段階で本試験レベルの問題にも対応できる実力が身につきます。